学习 在经历中

疫情防控公开课

中共北京市委教育工作委员会
北京高校思想政治理论课高精尖创新中心

组织编写

中国人民大学出版社
·北京·

前　言　PREFACE

　　一场突如其来的新冠肺炎疫情，让 2020 年的春天显得格外特殊。这是自新中国成立以来，我国发生的一次传播速度最快、感染范围最广、防控难度最大的重大突发公共卫生事件，是对国家治理体系和治理能力的一场史无前例的大考。"上下同欲者胜，风雨同舟者兴"。在疫情面前，习近平总书记亲自指挥、亲自部署，带领全党全国人民共赴这场疫情防控的人民战争、总体战、阻击战。我们看到，中国凭借硬核实力不断交出优异答卷，展现了中国共产党卓越的领导能力、应对能力、组织动员能力和中国特色社会主义制度的巨大优势，宣示了中华儿女守望相助、不怕牺牲、敢于胜利的意志决心，向世界传递了一个负责任大国的使命担当！"逆行"的白衣天使、人民警察、党员干部和全国各族人民，众志成城，共克时艰，呈现了一堂堂深刻的思政课。

为将疫情防控的生动实践转化为思政课教学的鲜活素材，坚定广大师生战胜疫情的决心信心，中共北京市委教育工作委员会联合"学习强国"、北京高校思想政治理论课高精尖创新中心，共同制作了《在经历中学习——疫情防控公开课》视频，邀请中国人民大学校长刘伟教授、中国政法大学校长马怀德教授、教育部高等学校社会科学发展研究中心主任王炳林教授、中央民族大学蒙曼教授等名师大家，从经济、法治、历史、文化等不同专业视角解读当前疫情防控工作，受到同学们的热烈欢迎。北京交通大学学生张智博说："这次公开课名师云集，别开生面，让我从不同角度更加深刻地认识到我们中国特色社会主义制度的巨大优势。"北京大学博士生徐世豪说："这次公开课非常及时、非常解渴，专家们的权威解读，让我们在这场没有硝烟的战斗中统一了思想，看到了希望，坚定了信心。"该视频公开课在"学习强国"等平台推出后，受到了全国广大师生的热烈欢迎，点击量 1 100 多万次，点赞量 25 万多次，成为疫情防控期间加强青年学生思想政治教育的成功举措。

3月16日，习近平总书记在给北京大学援鄂医疗队全体"90后"党员的回信中指出，年轻的医疗队彰显了青春的蓬勃力量，交出了合格答卷，希望广大青年努力在为人民服务中茁壮成长、在艰苦奋斗中砥砺意志品质、在实践中增长工作本领。为学习贯彻习近平总书记回信精神，引导青年学生不惧风雨、勇挑重担，让青春在党和人民最需要的地方绽放绚丽之花，将此次公开课的讲稿内容作为新时代加强青年学生思想政治教育的重要素材整理出版，希望同学们学思践悟，切实增强"四个意识"，坚定"四个自信"，做到"两个维护"，以青春之我，成就青春之中国，努力成为中国特色社会主义事业的合格建设者和接班人。

目录 CONTENTS

| 刘 伟 |

　　教授，博士生导师，中国人民大学校长，兼任国务院学位委员会委员、理论经济学学科评议组召集人、教育部高等学校经济学类专业教学指导委员会主任委员、中国人民政治协商会议第十三届全国委员会常务委员、中国人民政协理论研究会第三届理事会副会长。主要研究领域包括政治经济学中的社会主义经济理论、制度经济学中的转轨经济理论等。获得多项重大学术奖励，2005年被聘为长江学者特聘教授。

如何看待新冠肺炎疫情影响下 2020 年中国经济增长

◎刘 伟

一、新冠肺炎疫情给中国经济带来了严峻的挑战

对于新冠肺炎疫情对中国经济产生的影响，我们要进行科学、客观、冷静的分析。我认为，这种影响现在是初步的，主要集中在三个方面。

（一）新冠肺炎疫情传播速度之快、影响面之广都是空前的，导致中国经济进入新常态以后发生的一系列新的矛盾变化更加复杂化

中国经济进入新常态以后，无论在宏观上还是微观上，一系列矛盾都发生了新的变化，有了新的特点。习近平总书记曾经对这种新变化做过系统概括。

1. 宏观上，中国经济进入新常态之后出现"三期叠加"的复杂矛盾

"三期叠加"是指什么？首先是指我们的经济增长速度，从持续高速增长进入向中速甚至中低速的换档期。改革开放 40 多年来，

中国经济平均以 9.4% 左右的增速快速发展，创造了二战后发展中国家经济持续高速增长的纪录，打破了 20 世纪 50 年代到 70 年代日本人创造的所谓"神武景气"持续 20 年的高速增长纪录，也打破了 20 世纪 60 年代到 90 年代韩国创造的所谓"汉江奇迹"持续 30 年的高速增长纪录，中国改革开放创造了 40 多年的持续高速增长纪录。但是进入新常态以后，中国经济方方面面都产生了变化，包括需求方面变化、供给侧变化、经济发展水平不断提高所带来的变化等。在进入新的成长阶段之后，经济增长速度开始下滑。2015 年经济增长速度"破 7"，从那时以来就有所下滑。我们讨论 2020 年新的增长目标的时候，争论的问题之一就是是否会"破 6"，即经济增长速度低于 6%。这种趋势就是进入新常态以后所谓"三期叠加"一个突出的表现，增长速度进入所谓的换挡期，这是一期。

进入新常态"三期叠加"的第二个变化是经济结构调整进入阵痛期。长期高速增长有很多深层结构性矛盾，实际上我们没有腾出手来进行认真调整，有一些低效率的、劣质的、过剩的产能，需要淘汰，还有一些新兴产业、新动能转换需要调整、需要扶持，这个需要长时间积累，尤其需要长时间创新。但是新老结构转换、新老动能转换的时候可能出现一种情况：传统产业淘汰迫在眉睫，而新兴产业又一时跟不上，会出现一系列结构性矛盾。所以我们称之为经济结构调整的阵痛期。

所谓"三期叠加"第三期，也就是我们退出反危机政策轨道之后一系列成本的消化期。2008 年世界金融危机深刻影响中国，特别是从 2008 年第二季度开始直接冲击中国经济。二战之后，世界经济发生多次周期性波动，但是没有任何一次出现过导致全球负增长的局面，而 2008 年世界金融危机带来的一个严重冲击就是 2009 年全球经济在二战后首次出现负增长。从 2008 年第二季度，特别是 2008 年下半年开始，我们全面反危机，采取更加积极的财政政策、适度宽松的货币政策，运用宏观经济两大手段——财政政策和货币政策扩大内需、刺激需求，保证经济增长。这样一来，一些低效率项目作为扩大内需支撑条件推出来，这对于反危机是必要的，但是危机之后，经济进入复苏阶段，不能让低效率项目长期存在，就要清理，清理就要付出代价。我国 2010 年 10 月宣布退出全面扩张、全面刺激经济的反危机政策渠道，从那以后，反危机期间一些因扩大内需而设立的效率不高的项目就要清理。我们称之为反危机之后成本的消化期。

宏观经济进入新常态以后，这"三期叠加"给我们宏观调控带来一系列困难和挑战。这次新冠肺炎疫情暴发对我们宏观经济方方面面矛盾都产生了很大的影响，加剧了宏观经济各方面一系列不确定性，比如说经济增长速度下行。按照目前流行病学专家和各方面分析结果看，估计疫情对 2020 年第一季度中国经济影响非常大，假如从第二季度开始疫情基本得到控制，那么中国经济从第二季度进入过渡期，到第三季度 7 月以后疫情基本结束，中国经济开始进入恢复期，到第四季度中国经济进入全面正常运行状态。根据现在对疫情进展的判断，如果经济呈现这样变化的话，粗略分析，从供给来看（不包括农业，因为农业直接受疫情影响不是很大，农业在国家经济总盘子中占的比重也不是很大，还不到 8%），主要影响供给的是第二产业和第三产业，尤其第三产业。据有关方面数据汇总分析，供给增长速度在 1% 以下，大约为 0.4%，是正值，表明供给方面今年自然走势是正增长，但是增长速度由于疫情影响会受到很大冲击。

从需求来看，这场疫情的影响也相当大。特别是对消费需求，春节期间仅仅对旅游、一般娱乐、一般消费品的影响，粗略估计已经有一万多亿元。第一季度受影响会很大，第二季度需求方面能够逐渐恢复正增长，但是也会有限，第三季度逐渐恢复正常，到第四季度我们期待会有较大的反弹。这样全年下来预计总需求增长是正增长，但是增速比过去也会有明显的变化，估计 2020 年我们在需求方面增长幅度应该在 3.5% 左右，不到 4%。

从综合供给和需求分析来看，2020 年中国经济增长的自然增长速度，如果没有政策干预、没有积极政策措施刺激的话，顺其自然走势，估计应当为 3%～4%。从某种意义上说，这场疫情实际上加大了中国经济下行的压力，从供给、需求两端发力加剧了下行。按照我们决胜全面建成小康社会的目标要求，以及"六稳"（稳就业、稳金融、稳外贸、稳外资、稳投资、稳预期）等这些经济增长目标要求，以及三大"攻坚战"（防范化解重大风险、精准脱贫、污染防治）目标要求来说，需要有一定的经济增长速度作为基础。从目前测算来看，今年实现"六稳"目标、决胜全面建成小康社会目标以及三大"攻坚战"目标要求，经济增长速度需要保持在 5% 以上，最好达到 5.5%～6%。别的不说，就从稳就业来看，我们近年来的就业政策目标，也就是我们所说的调查失业率政策目标，一般控制在 5% 左右，多数年份是在 5% 以下。要实现稳定在 5% 以下的目标，2020 年需要提供 1 000 万～1 100 万个就业岗位。如果经济增速低于 5%，提供 1 000 万～1 100 万个就业岗位就有严重困难。这就要求在自然增速最高不到 4% 的情况下采取新的刺激经济增长的更有力和更有效的办法。习近平总书记 2 月 23 日在统筹推进新冠肺炎疫情防控和经济社会发展工作部署会上提出"积极的财政政策要更加积极有为","稳健的货币政策要更加注重灵活适度",就是针对当前疫情冲击下宏观经济政策要有新调整的指示。这是疫情对经济下行带来的影响。

2. 微观上，国民经济发展进入新常态以后，市场运行结构也有新的变化

中国经济面临着三大结构性失衡：一是实体经济内部供给和需求之间的失衡；二是实体经济和虚拟经济之间的失衡；三是实体经济和房地产市场之间的失衡。

三大结构性失衡是中国经济微观方面进入新常态后产生的突出问题。这次疫情加剧了微观方面的矛盾，特别是对市场层面的影响深刻，对企业活力、市场竞争力的提升增加了很大的困难。有关方面曾经做了一个有关疫情期间企业资金链的问卷调查，调查显示，在疫情停工冲击下，现在企业能够在资金链上支撑不到三个月，而三个月以上就要出问题，资金链可能断裂。85% 的企业面临这个情况，其中有的企业甚至连一个月都支撑不到。这个数据可能不准确，存在一定问题，但仍能反映出这场疫情确实加剧了我们企业的困难，包括企业成本、企业资金、企业用工等方面。

疫情发生后，对于中国经济无论是宏观方面的矛盾，还是微观方面的矛盾都带来了一系列变化，使得无论宏观调控政策，还是企业预期、企业行为调整都有新的不确定性。

（二）新冠肺炎疫情加剧了中国宏观经济失衡矛盾及其复杂性

改革开放 40 多年，宏观经济长期失衡，矛盾主要集中在需求方。从 1978 年改革开放初期到 1998 年将近 20 年，这个阶段中国宏观经济失衡主要特点是需求膨胀、供给不足、经济短缺，所以物价上涨压力很大，我们发生三次大的抢购都是在这个时期。1985 年居民消费价格指数（CPI）达到 9%，1988 年 CPI 达到 18% 以上，1994 年 CPI 达到 24% 以上。具体原因不同，但是根本原因相同，就是那个年代是物资短缺的年代，需求膨胀，稍有风吹草动人们就去抢购，形成需求拉动式的物价上涨。所以，那个时候宏观调控主要是管住需求，防止出现恶性通胀，宏观经济政策长期采取"适度紧缩"。

1998 年到 2010 年这一时期矛盾也主要集中在需求方，但方向不同，不是需求膨胀而是需求疲软，特别是内需疲软、产能过剩，而 2008 年世界金融危机加剧了这个矛盾。从 1998 年开始宏观经济政策做出方向性调整，不再是紧缩需求而是扩大内需，第一次提出积极的财政政策、稳健的货币政策，不再提紧缩性的宏观政策。因 2008 年世界金融危机的冲击，这一矛盾更加尖锐，所以进一步提出更加积极的财政政策和适度宽松的货币政策，以此来刺激经济。1978 年至 2010 年，中国宏观经济失衡矛盾主要集中在需求方面，方向是清晰的，或者是需求扩张，或者是需求疲软，所以政策目标是明确的，或者紧缩，或者扩张。

中国经济进入新常态以后发生了变化，宏观经济矛盾不再主要集中于需求方面，供给侧深层存在的一系列结构性矛盾日益显现并成为主要矛盾，特别是生产要素成本大幅度上升。同时需求疲软导致经济下行，这个过程当中由于成本不断提高，成本推动型的通胀压力不断增大，所以经济面临"滞胀"的危险。这次疫情暴发加剧了"滞胀"威胁。疫情加剧了需求疲软，需求增速放慢，使经济增长速度放缓。增长速度放缓带来的首要问题是民生问题，就是就业减少。同时这次疫情从各个方面增加了国民经济成本，防疫工作本身需要成本支出，延期复工又造成大量的支出，直接和间接成本方方面面均在上升，进而推动价格上升。近年来CPI的政策目标是将其控制在3%左右，事实上这些年都在3%以下，然而2020年受疫情影响，估计CPI会涨到4%～5%，甚至可能更高。这样的话，一方面经济下行的压力进一步增大，另一方面成本推动的通货膨胀压力进一步上升，也就是"滞胀"的威胁进一步加剧。

由此带来的直接问题就是宏观调控政策面临两难选择：一方面，既不能全面扩大需求，全面扩张虽然有利于遏制经济下行，但是有可能把潜在的成本推动的通胀激活，形成严重的通胀；另一方面，也不可能全面紧缩，紧缩虽然有利于遏制通货膨胀，把通货膨胀控制在潜在的状态，但是由此可能加剧经济下行。由此形成两难格局，把宏观调控的困难和约束条件进一步增大、进一步复杂化。这是这场疫情对我们当前经济产生的第二个影响，导致宏观经济失衡更加复杂。

（三）在宏观经济影响层面，新冠肺炎疫情使我们面临的挑战更加严峻

中国经济进入新常态，由于国际、国内条件的变化，我们遇到的挑战和过去不同。从国内经济来讲，我们面临一系列发展的新问题，比如说我们面临所谓"中等收入陷阱"的威胁。"中等收入陷阱"是指什么？发展中国家摆脱贫困，克服贫困陷阱进入中等收入阶段之后，由于发展方式转变不过来，不适应新阶段一系列新变化、新条件，所以经济不具有竞争力、不具有可持续性，因此长期跨越不过中等收入阶段，进入不了高收入阶段。从历史事实来看也有印证，到 2015 年高收入国家有 70 多个，70 多个国家从上中等收入阶段到高收入阶段大概用了多长时间？平均用了 12 年到 13 年时间。这里边有 20 个人口大国，就是人口超过 5 000 万的国家，它们闯过这一段时间平均用了 11 年到 12 年。可是在 70 多个高收入国家当中，真正的发展中国家只有 13 个。世界上 100 多个发展中国家，其中 36 个处在贫困状态，54 个为下等收入国家，54 个为上中等收入国家。其中一些国家进入上中等收入阶段后数十年跨越不过去，有些虽然跨越过去了，但很快又倒退回上中等收入阶段。像 20 世纪 70 年代拉丁美洲十几个国家，70 年代即进入中等收入国家行列，但经过近半个世纪都没有实现向高收入国家跨越，所以称为"拉美旋涡"。又比如 20 世纪 80 年代东亚诸国，马来西亚、泰国、印度尼西亚等，从进入上中等收入国家到现在已 30 多年，仍然没有实现向高收入国家跨越，所以被人们称为"东亚泡沫"，特别是在亚洲金融危机之后，这些国家承受不住金融危机冲击，经济严重衰退。再有 20 世纪 90 年代西亚、北非国家，像埃及、突尼斯、也门、利比亚等，进入上中等收入阶段后到现在 20 多年，不仅没有实现向高收入国家跨越，其社会动荡什么时间结束，目前还很难看到清晰的时间表，人们称为"西亚北非危机"。20 世纪 70 年代、80 年代、90 年代陆续发生的"拉美旋涡""东亚泡沫""西亚北非危机"，实际上都是"中等收入陷阱"具体的体现。

以人均 GDP 为标志，我国经济发展从 2010 年达到世界银行划分的上中等收入阶段起点线，按照一般规律，应当在 2020 年后不长时间里实现向高收入阶段的跨越，就是实现可持续增长。问题在于要实现跨越，必须根本转变经济发展方式，提高经济竞争力和可持续增长的能力，如果做不到这一点，就会面临"中等收入陷阱"困扰。"中等收入陷阱"的种种矛盾和变化，其实在我们国家经济中都存在，很多矛盾还很尖锐。习近平总书记曾经指出过，"中等收入陷阱"过是肯定要过去的，关键是什么时候迈过去、迈过去以后如何更好向前发展。在新冠肺炎疫情冲击下，我们跨越"中等收入陷阱"的挑战变得严峻了。跨越"中等收入陷阱"关键在于实现可持续增长，不能打断健康可持续增长的进程。这次新冠肺炎疫情给中国经济带来供给侧、需求端两方面负面影响，需要我们努力克服，这种影响发生在即将实现跨越的关键时期，进一步增大了跨越"中等收入陷阱"的困难。

这次疫情带来的挑战还有国际经济关系方面的。中国在世界格局中的地位，以及世界经济对中国的影响都发生了不同变化。改革开放初期的 1978 年中国经济占世界经济 1.8%，2003 年"非典"发生时中国经济占全球的比重也还只有 4%，现在我们占到 16%。中国经济和世界经济相互关系、影响程度发生了历史性变化。2010 年中国经济总量超过日本成为全球第二大经济体。习近平总书记曾经提示过，在这个阶段特别要小心所谓"修昔底德陷阱"。修昔底德是古希腊历史学家，他记载了古希腊战争的历史，后人在他记载的战争史料中归纳出似乎有规律性的东西：在城邦争斗中，第一阶段会有老大主宰各个城邦之间的秩序，随着发展进入第二个阶段，有个老二成长起来，并且惦记老大位置，到第三阶段，老大和老二开始发生战略性全面冲突，冲突的结果是进入第四个阶段——两败俱伤，原来依附于老大跟老二对立的第三方、第三国在老大、老二全面对抗、两败俱伤条件下崛起，成为新的老大，重新制定城邦之间的秩序。

国际政治经济关系领域的理论家由此概括出大国关系周期理论，即四个阶段一个周期，一个周期大概一百年到两百年，近代史也印证了这个事情。15 世纪新大陆被发现，荷兰兴起，然后西班牙"无敌舰队"称雄，后英国人崛起，德国又惦记英国的位置，两次世界大战和这个背景都有关系，美国经过两次世界大战成为新的霸主。近现代历史似乎印证了"大国周期论""修昔底德陷阱"的存在。我们国家 2010 年经济总量超越日本，成为世界第二大经济体，追赶的步伐是很快的。2012 年党的十八大召开的时候，我们的 GDP 相当于美国的 55% 左右，到了 2017 年党的十九大召开的时候，我们的 GDP 相当于美国的 60%，到 2019 年大体相当于美国的 63%。据说美国人有一个战略考虑，就是世界第二大经济体无论哪个国家，历史上日本也好、德国也好，只要经济规模达到美国一定比例之后，比如 60%，美国就有可能采取全面围剿战略。这么来看，2018 年 5 月，特朗普政府主动挑起中美贸易摩擦不是偶然的，不仅仅是为了应对一时经济衰退、经济低迷，那个时候是美国经济增长速度长期以来最强劲、失业率多年以来最低的状态，不是为了保证本国就业采取的一时的贸易保护措施，而是带有长期战略性、主动性的，这一点现在来看越来越明显。我们要努力防止这种"修昔底德陷阱"对中国的影响，因此早在 2013 年习近平总书记提出了"一带一路"倡议，就是以中国方案破解"修昔底德陷阱"。

这次新冠肺炎疫情发生，从世界来看，一方面，大多数国家对中国举国一致抗疫的勇气、牺牲精神、治理能力表示赞叹；但是另一方面大家也看到，有的国家和人士在趁火打劫，利用这次机会抹黑中国、封锁中国。我们看到的情况不是偶然，所以越是这个时候，越要贯彻人类命运共同体理念，用开放态度，构筑"一带一路"，使中国经济在现代化崛起过程中能够和平发展，为我们国家经济社会发展开辟更广阔的全球道路。

这些都是此次新冠肺炎疫情给我们带来的新的冲击和新的变化，我们应当充分重视。归纳起来为三个方面：**一是使我们进入经济新常态以来宏观和微观上的矛盾有了新的变化；二是使宏观经济失衡有了新的特点，加剧了"滞胀"威胁；三是使我们面临的挑战，无论国内发展面临的"中等收入陷阱"，还是国际政治经济关系上面临的"修昔底德陷阱"，都带来新的不确定性，带来新的影响，需要我们认真分析，科学合理地制定我们的战略、策略和相应的政策。**

二、虽然新冠肺炎疫情对于中国经济影响很深远，但是中国经济长期向好的基本趋势没有改变

我们说没有改变经济发展长期向好的基本趋势，我把原因简单概括为三个方面，形象地说就是天时、地利、人和。

（一）所谓天时就是大势所在，也就是中国经济发展所处的阶段

中国经济经过长期持续高速增长，国力达到新的水平。新中国成立70多年来，中国在一穷二白的基础上建立现代化经济体系，

特别是改革开放以后，中国的工业化进程、现代化进程取得了长足的发展，使中国经济发生了很大的变化，GDP 平均增长速度 9% 左右，这是了不起的。我们 GDP 总规模发生了很大的变化。新中国成立初期 GDP 总量不到 1 000 多亿元，改革开放初期大概为 3 000 多亿元，2019 年接近 100 万亿元，折算下来大概 15 亿多美元，占全球 GDP 的比重为 16% 左右，这是不得了的变化，这是国力变化的基础。从人均 GDP 水平看，在新中国成立初期为几十美元，改革开放初期为不到 300 美元，2019 年我们达到 1 万美元。这是中国经济发展进入新阶段、达到新水平重要的指标体现。

除了数量扩张，包括总量和人均水平迅速提升之外，我们国家经济结构发生很大的变化，这就是质态的变化。比如农业劳动力就业比重，1950 年前后，80% 以上劳动力从事农业，说明农业效率低，说明整个经济质态落后。改革开放初期 70.5% 以上劳动力是农业劳动力，没有改变传统农业占绝大比重的局面。经过改革开放 40 多年的发展，农业劳动力大体降到 26% 左右，这种变化的基础就是农业劳动生产率的提高，从农业转移大量劳动力支援工业和城市服务业发展。我国工业从新中国成立之初基本是白纸一张——当时能够称为现代工业的产值占比仅为 10%，90% 为农业和手工业，我们是在此基础上开始构建国家的工业体系——到现在基本实现了现代意义上的工业化。我们拥有联合国分类 44 大类 660 个小类全部完整的工业制造业体系；从 2010 年开始我们工业制造业规模超过美国，从 2011 年开始，包括工业制造业、建筑业在内的第二产业规模超过美国，我们现在是世界上第一大工业制造业国家。当然我们讲的是量，真正从技术水平、各个方面竞争力上，特别是关键技术、核心技术、产业关键链条上我们还是发展中国家，离先进水平还有很大的差距。

这些都从根本上增强了我们的国力。再加上中国有一个传统——储蓄率高，国民收入分配在企业、部门均有高储蓄的倾向，居民家庭储蓄率也是长期较高的。对发展中国家来说，高储蓄率意味着高投资，意味着资本积累比例大。此次新冠肺炎疫情虽然影响很大，但是中国经过长期发展，达到新的水平，进入新的阶段之后，形成大量资本投资，包括固定资产投资、人力投资，综合国力显著提高，为经济进一步发展、持续增长提供了坚实的物质保障和基础。这是一个方面，从天时来说，我们拥有经济发展和资本积累基础。

另一方面，就天时来说，从经济发展目标、发展趋势上看，一般进入高收入国家行列跨越中等收入阶段要用 12 年到 13 年，中国如果也用 13 年，大体 2022 年、2023 年能实现这个跨越，如果考虑大国可能稍微快一点，用 11 年到 12 年，中国实现这个跨越有可能提前。我们国家人均 GDP 水平 2019 年达到 1 万美元。当今高收入国家起点线（世界银行统计起点线）是多少？大概不到 1.3 万美元（2019 年）。按照这个水平看的话，中国 2023 年之前有可能达到高收入国家起点线。这是从经济增长、人均 GDP 水平来看，我们用十几年（从 2010 年算起），有可能跨越"中等收入陷阱"。2020年决胜全面建成小康社会实现第一个百年目标，为下一步现代化打下坚实的基础，2035 年基本实现社会主义现代化，2050 年前后建成社会主义现代化强国。社会主义现代化强国有很多指标，不一一列举，但是其中我们反复讲到的，到那个时候，人均 GDP 水平要赶上发达国家平均水平。现在差距有多大？高收入国家 2019 年实际人均 GDP 为 4.1 万多美元，世界平均水平大概为 1.1 万美元，我们国家 2019 年还没有达到世界平均水平，只是接近世界平均水平，距离高收入国家 4 万多美元人均 GDP 差距更大。实现第二个百年目标，即在 21 世纪中叶建成社会主义现代化强国，其中非常重要的目标为 GDP 人均水平赶上发达国家平均水平，我们还要付出艰苦努力。

从发展阶段来看，我们现在工业化基本实现，现代化朝着高收入发展阶段门槛冲击，离发达国家距离仍然很大。虽然我们国家经济迅速发展、取得显著成就，但是我们仍然是发展中国家，是处于经济加速发展、工业化基本实现、现代化赶超期这个阶段的发展中国家。作为发展中国家，但又不是一般的发展中国家，而是经济仍处于起飞状态的发展中国家，从总的趋势来看，经济增长速度虽然不如前一个时期那么快，但是仍然处在比较强劲的增长阶段。所以从机遇上说，正如习近平总书记所讲，我们距离现代化目标从来没有像今天这样近。近到什么程度？过去讲经济社会发展水平赶超西方经济发达国家需要多少代人努力，现在不需要多少代。

按照我们的规划，2020 年实现第一个百年目标，全面建成小康社会，为下一步现代化打下基础；2035 年下一步现代化第一个阶段基本实现社会主义现代化；再用 15 年，到 21 世纪中叶赶上发达国家。也就是 30 多年的事情。在我们这一代，特别是你们青年学生这一代，应当是能见证中华民族实现中国梦、赶超西方国家历史的。要说我们发展的天时，这就是巨大的机遇，即距离现代化目标从来没有像今天这么近。

（二）从地利来讲，中国经济空间大、韧性强，区域结构性特征突出，发展梯度绵延深

习近平总书记多次讲，我国的经济不是小池塘是大海，狂风暴雨过后大海还是在那里。就是空间大、人口多、市场大、地区广，而且地区之间资源禀赋差异大，所以发展模式不同、梯度水平不同，可持续性强。别的不说，从消费角度看，我国 2019 年社会消费品零售总额超过 40 万亿元，也有人分析，中国可能已形成世界最大的国内消费品市场。这也是我们扩大内需的重要经济条件。我国恩格尔系数（食品支出总额占个人消费支出总额的比重）改革开放之初为 63%，按照联合国划分标准 60% 以上就是赤贫，温饱没有解决；现在是 20% ～ 30%，按照联合国划分标准已进入富足阶段，20% 以下就是极其富足阶段。这种消费结构的变化，意味着消费水平扩张，是以消费能力提升为前提的。中国具有巨大的消费空间，电子消费、旅游服务消费等伴随经济发展和消费方式的变革，前景更加广阔。新的业态、新的消费领域将进一步开拓、进一步发展，这是我们国家发展之必然。

此外一个地利上的特点，就是我们是发展中国家，发展中国家在地域空间、区域发展上的突出特点在于二元性，二元性不是简单一分为二，而是差异性——产业之间有差异，城乡之间有差异，地区之间有差异，省与省之间有差异，市与市之间有差异，等等。这种差异变化是发展中国家经济的突出特点，概括为经济发展二元性特征。像城乡差异，虽然一方面我国城市化率达到 60%，改革开

放初期不到 18%，城市化发展意味着市场规模增大，我们进入城市化加速期（城市化率 30% ～ 70% 一般是城市化加速期），但另一方面我们还有很大的乡村经济和农业人口。另外，农业、工业制造业和现代服务业，产业之间差异存在也是发展中国家不均衡的一个表现。还有区域差异，中国东部、中部、西部三大经济地带差异，现在南北之间也存在发展中差异，沿海地区和内陆地区同样存在显著的差异。这些地区差异、产业差异、城乡差异，从一定意义来说是不发达的标志，是经济处于发展中的特点，但是从积极意义来说，这种差异即所谓发展梯度又是作为发展中大国不同于小国重要的方面，可持续发展时间能够更长，绵延深度更深，可以梯度推进。当我们东部沿海地区经过持续高速增长，进入相对高质量或者低速度、中低速度增长的时候，我们中部和西部地区可能恰恰进入了高速增长时期。这种梯度、地区差异，资源禀赋、发展水平差异既是作为发展中国家的一个特点，同时也是作为发展中大国可持续时间更久的一个重要的资源。我国经济进入新常态以后，结合发展资源禀赋、地区条件构建新的区域增长点、发展极。我们提出长江经济带、长三角一体化、粤港澳大湾区、京津冀协同发展、黄河流域生态保护和高质量发展等，都是我们在经济进入新常态以后，特别是党的十八大、十九大以后提出的新的区域性发展极和新的增长点。另外"一带一路"倡议把中国和世界市场进一步联通起来。这些都是我们讲的"地利"，就是空间大、韧性强，提供着可持续增长的资源条件。这次疫情对我们的冲击虽然比较大，但是中国空间大。比如习近平总书记前不久在统筹推进新冠肺炎疫情防控和经济社会发展工作部署会上讲到一个数字，这次虽然肺炎疫情来势凶猛，无论影响面、影响深度、传染性都比 2003 年"非典"

大，是空前的，但是我们有 1 396 个县是无疫区，占县总体数量的 46%，目前看这些地区受新冠肺炎疫情影响更多是间接的，不是直接的。还有，在以习近平同志为核心的党中央的坚强领导、周密部署下，我们投入了疫情防控的人民战争、总体战、阻击战，迅速取得成效，很多省开始出现了根本性的变化和扭转，疫情对这些省区市影响和风险开始降低。即使在疫情冲击下，冲击程度在不同地区也是不一样的，所以对经济影响也不同。这就是我们的地利，空间大、韧性强、回旋余地大、可持续发展力量更充分。

（三）从人和来看，就是我们的制度优势

刚刚结束不久的党的十九届四中全会，集中概括了新中国 70 多年以来，特别是改革开放 40 多年以来，中国共产党领导中国人民探索中国特色社会主义制度的实践经验，并在理论上予以总结。在经济制度上，概括了中国特色社会主义基本经济制度的特点和优势，最大的优势是极大地解放和发展了中国社会生产力。新中国成立以来特别是改革开放以来中国生产力发展、社会经济发展取得的成绩深刻证明了这个制度优越性，并且随着制度进一步完善，解放和发展社会生产力的优势将进一步显现。

这种制度优势在这次新冠肺炎疫情阻击战当中也有充分体现。我们现在还是发展中国家，是世界上人口最多、最大的发展中国家，这个国际地位和基本国情没有变，从经济发展水平、GDP 人均水平、社会发展水平、人类发展指数、健康状况、受教育程度、平均寿命等方面来看，跟发达国家相比差得很大，从各个方面来看我们还是发展

中国家。我们在这次新冠肺炎疫情冲击下暴露出很多问题，发展上存在一些短板，医疗设施、公共卫生基础建设等方面都有不足，治理体系和治理水平的现代化程度在许多方面也亟待进一步提高。这些也表明我们确实仍是发展中国家。但是面临这次严重的新冠肺炎疫情冲击，我们在防控组织和效率、防控战役指挥和调度各方面体现的水平，发达国家很难跟我们比。我们是在发展中国家基础上达到超越当代发达国家防控公共卫生灾难的水平。只要是客观公正地看，应当给我们应有的尊重。能够做到这一点，进一步证明我们制度的优越性。

从我们国家制度来讲，基本经济制度包括三个方面内容：一是从生产资料所有制上我们是公有制为主体，多种所有制经济共同发展。二是分配制度上按劳分配为主，多种分配方式并存，特别是各种生产要素在市场竞争当中，按照市场竞争当中的贡献大小进行分配，也就是把按劳分配和按要素市场贡献分配结合起来，这样一方面激励效率，另一方面从制度上防止出现严重的两极分化，尤其防止出现普遍的剥削，维护广大人民根本利益，调动大家积极性。三是在资源配置机制上是社会主义市场经济制度，社会主义市场经济制度是我们的一个创造，从传统的计划经济体制的实践和理论来看，是否认社会主义制度和市场经济结合的可能的，从当代资本主义市场经济实践和资产阶级经济学传统理论来说，也是否定社会主义生产资料公有制和市场经济结合的可能的，认为市场只能和资本主义结合在一起。中国特色社会主义基本经济制度，一个非常重要的特点，就是我们是通过改革实践力图把社会主义和市场机制统一起来，建设社会主义市场经济，既有市场竞争效率，同时又有社会主义公有制生产的社会性、公正性、宏观调控的自觉性方面的优势。正如习近平总书记所说，我们这种制度有利于集中力量办大事。这次新冠肺炎疫情防控，在很大程度上体现了我们集中力量办大事的制度优势。

社会主义市场经济制度是创举，既不同于传统僵化的计划经济模式，也不同于资本主义私有制基础上自由竞争的市场经济模式，有其特殊优势，而且伴随中国经济发展、生产力解放上的显著成效，这种制度优势会越来越被证明，这就是所谓"人和"。

总之，虽然疫情严重，对中国经济发展和中国经济增长带来多方面的冲击，但是没有根本改变经济长期向好的基本趋势。这种优势形象概括为"天时"，包括所处发展阶段、已有发展基础等；"地利"，包括我们的空间、韧性、腾挪余地以及区域发展战略、中国经济和世界经济联系，在"一带一路"倡议下进一步拓展等；"人和"，包括我们的制度优势，尤其社会主义基本经济制度使我们更加自信。

三、如何才能有效应对新冠肺炎疫情，把我们的优势转换成现实，把握住历史机遇，实现中国经济社会发展目标要求

从根本上或者关键来看，从经济发展角度来说，无论是应对新冠肺炎疫情冲击还是面临种种挑战，要把握历史机遇，关键在于努力转变经济发展方式。转变经济发展方式的核心是什么？就是从以往靠扩大要素投入量为主带动经济增长，转变为靠提升要素效率和全要素生产率为主带动经济发展。通过这种转换，也就是我们讲的

新动能转换达到一个目标，实现从高速增长向高质量发展的转变，这就是我们所说的经济发展方式转变。

应对各方面变化、各方面失衡、各方面挑战，包括新冠肺炎疫情带来的各方面冲击、宏观矛盾引起的新失衡，以及发展面临的新问题，根本在于转变经济发展方式，提高效率。如何实现经济发展方式转变？首先我们要树立新发展理念，党的十八届五中全会提出新的五大发展理念。为什么转变经济发展方式首先要树立新发展理念？因为理念具有纲领性、引领性，它是指导思想。指导思想不变，纲领性、引领性理念不改变，不可能实现发展方式改变。我们过去经济持续高速增长，一方面有客观条件，另一方面有历史要求。那时候要解决的问题是什么？是摆脱贫困。马克思有一句名言"问题就是时代的口号"，不同时代有不同时代的问题。如何评判是不是愧对时代，就看是不是解决了时代问题。所以，习近平总书记讲"时代是出卷人"。面临"中国怎么站起来"的问题，以毛泽东为代表的中国共产党人领导中国人民浴血奋战，完成了这个任务。改革开放时期，邓小平作为我们党的第二代中央领导集体的核心，他面临什么问题？是如何富起来，社会主义不能再这样穷下去了。改革开放 40 多年中国共产党人回答了这个问题。现在中国特色社会主义进入新时代，我们面临的问题是怎么从富起来到强起来。解决富起来问题，回答的问题是有还是没有，克服的是经济短缺问题，解决强起来问题，回答的不是简单的有还是没有，而是好还是不好的问题。我们的社会主要矛盾发生了转变，从人民日益增长的物质文化需要同落后的社会生产之间的矛盾，转变为人民日益增长的美好生活需要和不平衡不充分的发展之间的矛盾。时代不同了，主要矛盾不同了，我们要解决的主要问题也不同了。

因此，在解决贫困问题，回答有还是没有的时候，强调高速度增长是对的，是那个时代的要求，那么现在我们进入新时代，我们强调高质量是新时代要求，而且高速度已经受到新的条件约束，不再可能。所以我们说首先要转变理念，树立新发展理念和时代要求契合一致。"五大发展理念"作为新发展理念要落实。怎么落实？要寻找落实的机制、落实的途径。党的十九大报告专门给予强调，贯彻新发展理念，加快建设现代化经济体系，并且把建设现代化经济体系提高到这样的高度：是我们国家发展闯过关口、实现国家发展战略目标的迫切要求。为什么提得这么高？因为我们把它作为贯彻新发展理念的抓手，作为实践新发展理念的途径，如果不加快建设现代化经济体系，新发展理念就得不到实现，发展方式就不可能转变。

这次新冠肺炎疫情的发生，也从一个方面告诫我们转变发展方式、落实新发展理念的重要性。一切破坏发展客观规律、科学规律，一切和自然、和生命相矛盾的发展指导思想和实践，最后带来的都是严重的失衡。

贯彻新发展理念要有路径，这个路径就是加快建设现代化经济体系。习近平总书记在2018年初中央政治局集体学习会议上的重要讲话，把现代化经济体系概括为七个方面：创新引领、协同发展的产业体系，统一开放、竞争有序的市场体系，体现效率、促进公平的收入分配体系，彰显优势、协调联动的城乡区域发展体系，资源节约、环境友好的绿色发展体系，多元平衡、安全高效的全面开放体系，充分发挥市场作用、更好发挥政府作用的经济体制。这"七大体系"体现新时代改革、开放、发展三者有机统一。怎么构建这"七大体系"呢？我们要实施"五大战略"。**第一个战略就是壮大实体经济战略**，特别是制造业，制造业是我们强国之基、立国之本，我国现在制造业门类齐全，问题是很多方面大而不强；**第二个战略是创新引领、创新驱动**，虽然我们现在创新指数、经济活力指数从 2015 年起一直大幅度上升，但是和发达国家总体水平比，产业链关键链条上有短板、有很大的不足，所以迫切需要实施创新驱动战略；**第三个战略就是合理布局战略**，经济地带之间、沿海和内地之间、主体功能区设计和区分，以及新的地区性增长极培育等，包括长三角一体化、长江经济带、黄河流域生态保护和高质量发展、京津冀协同发展、粤港澳大湾区进一步成长等，都是新的增长点、新的发展极，在这个基础上深入推动乡村振兴战略，缩小城乡差距；**第四个战略是着力发展开放型经济**，特别是围绕人类命运共同体理念，进一步扎实推进"一带一路"框架下的国际交流合作；**第五个战略是全面深化经济体制改革**，构建新的现代化治理体系，提高治理现代化水平。

"五大战略"怎么具体实施？十九大报告提出，以深化供给侧结构性改革为主线。为什么？因为供给侧和需求侧不同，需求侧政策和制度安排影响消费者市场需求，供给侧政策和改革措施影响的是生产者。所谓生产者，首先是指企业，即劳动力和生产资料的结合；其次是指企业和企业的集合，即产业；再次是指产业和产业的集合，即国民经济生产体系。生产者是三个层次：企业、产业、国民经济生产体系，供给侧结构性改革的最根本目的是影响生产者效率。转变经济发展方式根本在于提高效率，使经济增长从靠要素投入量为主，转变为靠要素效率和全要素生产率为主带动经济增长，以深化供给侧结构性改革为主线，切中现在转变经济发展方式的根本要求。

怎么推动供给侧结构性改革？习近平总书记讲要坚持贯彻稳中求进工作总基调。什么是稳？经济增长要稳，避免大起大落，宏观经济要均衡运行。首先是宏观经济政策目标要设计合理，合乎国情、合乎经济增长特点。宏观经济指标是复杂的指标体系，其中比较突出的指标是经济增长率。经济增长率要规定上下线，上下线制约因素很多。按照一般道理，经济增长速度越快，意味着需求越活跃，如果其他条件不变，经济增长速度越快，通货膨胀压力越大，控制上线很重要的因素要考虑通货膨胀要求；下线也就是我们经常讲的力保经济增长达到的速度，就是最低速度，重要的因素是什么？按照经济学一般道理来说，其他条件不变，经济增长速度越慢失业率越高，每下降一个百分点相应减少一定的就业岗位。

从我们国家进入经济新常态经验来看，一般 CPI 控制在 3% 左右社会能承受。这几年 CPI 在 3% 左右，有些年份在 3% 以下，社会对于物价问题并没有太大反应，并且通过不断努力，虽然成本不断提升，但是通过宏观政策、微观政策和市场体系体制完善，加强市场监管，基本能够实现将 CPI 稳定在 3% 左右的目标。就政策目标失业率的控制而言，虽然我们即将进入人口拐点，劳动力增量下降，农村释放转移速度下降，但是每年还要解决 1 000 多万就业岗位，仅大中专院校毕业生最近几年每年就有 800 多万人。我们控制调查失业率在 5% 左右，甚至 5% 以下，登记失业率 4% 以下这样的失业率指标，通过这几年实践来看是可行的，也是必要的。

要达到这两个指标，一个是失业率控制，一个是通胀率控制。政策控制目标既不能过高也不能过低，这样才能实现经济增长稳，宏观经济目标之间协调。从现在情况来看，CPI 控制在 3% 左右，2020 年由于受到新冠肺炎疫情冲击，有可能达到 4% 左右，要进一步采取政策措施，特别是减轻企业的负担，降低企业的税费，降低企业成本，提高企业效率，这样才是从深层次降低成本推动型的通胀压力。新增 1 000 多万就业岗位，经济增长率无论如何要达到 5% 以上，可是如果没有政策干预，在疫情冲击下自然增长也就是 3% 左右，怎么办？也需要我们加大政策力度，积极财政政策要更加积极有为，稳健货币政策要更加注重灵活适度，保证经济稳定增长，实现"六稳"，稳就业、稳金融、稳外贸、稳外资、稳投资、稳预期，这就是稳。

要转变发展方式非常重要的是"进"，所谓"进"就是技术创新和制度创新。怎么样通过制度创新、通过改革来取得所谓的"进"，为我们发展方式转变提供制度条件，应当是我们面临的重要任务。制度创新，重要的在于改革，怎么办？我们党提出"四个全面"战略布局。

为什么有些国家"中等收入陷阱"难以跨越，重要原因在于没有制度效率，没有活力。我们怎么解决这个问题？贯彻"四个全面"战略布局。通过贯彻"四个全面"战略布局实现制度创新，为稳增长提供制度条件。稳中求进地推动供给侧结构性改革深入，通过供给侧结构性改革深入带动"五大战略"实施，通过"五大战略"实施推动"七大经济体系"构建，通过加快建设现代化经济体系为贯彻新发展理念提供途径，通过落实新发展理念转变经济发展方式，通过转变经济发展方式实现把握机遇、应对挑战的时代主题要求。即使有新冠肺炎疫情冲击，即使面临着国内国际发展种种矛盾变化和新的挑战，只要我们把自己的问题解决好，切实转变发展方式，我们就能够解决面临的一系列矛盾。

这次新冠肺炎疫情的发生，从某种意义上进一步提示我们要加快发展方式转变，加快新发展理念贯彻和落实，否则的话，我们还会发生很多意想不到的，或者我们不愿意看到的一些新问题、新矛盾。通过打赢防疫阻击战，化危为机，加快推动全面深化改革，实现提升治理体系和治理能力现代化水平的目的，推动中国现代化。

综上所述，我们围绕新冠肺炎疫情对 2020 年中国经济的影响讨论了三个问题，一是新冠肺炎疫情对 2020 年中国经济发展和经济增长带来严峻挑战，二是新冠肺炎疫情虽然带来严峻挑战，但是没有改变中国经济长期向好的基本趋势，三是实现中国经济长期向好趋势要努力转变经济发展方式，这是根本所在。

（该视频公开课上线时间为 2020 年 3 月 5 日）

| 马怀德 |

　　法学博士，教授，博士生导师，中国政法大学校长，著名行政法学家，直接参与《国家赔偿法》《立法法》《监察法》等多部法律的起草工作。出版学术专著和教材 50 余部，公开发表学术论文 200 余篇。曾为中央政治局集体学习讲授"行政管理体制改革和经济法律制度"。

为新冠肺炎疫情防控提供有力法治保障

◎马怀德

新冠肺炎疫情防控正处于关键时期，依法科学有序防控至关重要。这主要涉及三个方面的内容。

一、为什么要依法防疫战疫？

法律是调整社会关系、规范人们行为、维护社会秩序的重要规则，具有固根本、稳预期、利长远的作用，是任何社会须臾不可或缺的规范体系。尤其是在突发公共事件发生、灾难来临、社会公共秩序面临失控风险的特殊时期，法治的作用尤为重要。只有坚持依法防控、依法治疫，才能确保疫情防控工作科学有序，才能稳定社会秩序，维护人民群众生命健康。

新冠肺炎疫情属于突发公共事件，应对此类突发公共事件，除了适用一般法律原则之外，还必须适用应急原则，适用特殊的法律制度和规范，这是突发公共事件的性质和特点决定的。突发公共事件一般有几个特点：一是突发性；二是危害性，造成的损失大；三是公共性；四是紧迫性，要在短时间内采取有效措施。为了有效应对突发事件，政府和公权力组织必须迅速采取各种应急措施，公众必须遵守和配合执行各项应急措施。在应急状态下，公权力呈现出扩张趋势，如政府可以采取封锁疫区、限制交通、征用物资设施、限制交易等措施，医疗机构可以对传染病人和疑似病人采取隔离治疗措施。私权利在应急状态下适度收缩和克减，如接受医疗机构隔离治疗、检验检疫、采集样本，服从地方政府发布的规定、通告、命令。应急原则属于应急状态下必须遵循的原则，构成平时法治原则（合法性原则、合理性原则）的补充和辅助，存在条件、时限、范围和责任的严格限定。一旦应急状态结束，就必须终止各项应急措施，迅速恢复到应急状态以前。同时，在应急状态下，必须坚持保障公民基本权利，尤其是生命权、生存权、人格尊严和隐私权、知情权等。

新冠肺炎疫情发生以来，党中央高度重视，严格按照法律规定，采取了一系列应急防控措施。比如，成立中央应对新冠肺炎疫情工作领导小组，各级党委和政府成立临时性的指挥机构，健全了疫情防控的指挥体系。国家卫健委宣布将新冠肺炎纳入乙类传染病，并采取甲类传染病的预防、控制措施；国务院发布延长春节假期的通知；各省、自治区、直辖市先后启动重大突发公共卫生事件一级响应，多个城市对进出城市的交通进行管控，医疗机构对确诊和疑似病例进行隔离治疗，对密切接触者进行医学观察；基层组织落实各项防控要求，努力切断病毒传播途径；等等。这些依法防控、依法治疫的措施产生了明显效果，疫情防控取得积极向好的成效。

二、如何依法防疫抗疫？

依法防疫必须从立法、执法、司法、守法各环节协同发力，才能全面提高依法防控、依法治理能力，为疫情防控工作提供有力法治保障。

（一）完善立法

完备的科学的法律规范体系，是法律实施的基础。我国已制定了《中华人民共和国传染病防治法》《中华人民共和国突发事件应对法》《突发公共卫生事件应急条例》等疫情防控相关法律。这些法律法规在疫情防控中发挥了重要作用。疫情防控的法律法规体系是疫情防控的基础性工作，必须做到系统完备、科学规范、运行有效，只有这样，这套体系才能发挥作用。

针对新冠肺炎疫情的特点和防控需要，2020 年 2 月 10 日，最高人民法院、最高人民检察院、公安部、司法部联合发布了《关于依法惩治妨害新型冠状病毒感染肺炎疫情防控违法犯罪的意见》，提出要依法严惩抗拒疫情防控措施、制假售假、哄抬物价等妨害疫情防控的违法犯罪行为。全国人大常委会通过了《关于全面禁止非法野生动物交易、革除滥食野生动物陋习、切实保障人民群众生命健康安全的决定》。同时，部分省区市的人大常委会临时召开常委会会议，做出抗击新冠肺炎疫情的有关决定，授权政府可就采取临时性应急管理措施制定规章，发布决定、命令和通告。这些立法举措为各级政府及其有关部门、医疗卫生机构采取防控措施，其他单位、组织和群众参与防控提供了法律依据。下一步，还要加紧修订《传染病防治法》《野生动物保护法》等相关法律法规，制定《生物安全法》等法律，进一步完善我国突发公共卫生应急法律体系。

（二）公正执法司法

应急指挥机构是行政机关中具体行使紧急权力的机构，其设置必须符合实权化、综合化、常态化的原则。《突发事件应对法》第八条规定："设立国家突发事件应急指挥机构，负责突发事件应对工作；必要时，国务院可以派出工作组指导有关工作。""县级以上地方各级人民政府设立由本级人民政府主要负责人、相关部门负责人、驻当地中国人民解放军和中国人民武装警察部队有关负责人组成的突发事件应急指挥机构。"目前，我国已形成了各级政府部门分工负责的疫情管理和防控体制机制，为疫情防控执法提供了组织保障。

天下之事，不难于立法，而难于法之必行。做好疫情防控，严格规范公正文明执法是关键。行政执法机关必须依法履职、严格执法，实施防控措施必须遵循比例原则，体现行政行为的必要性，防止过度执法、不作为、慢作为、乱作为。同时，司法机关要发挥职能作用，依法妥善处理各类疫情防控民商事纠纷，依法严惩各类妨碍疫情防控的违法犯罪，维护防控秩序。因采取突发事件应对措施，诉讼、行政复议、仲裁活动不能正常进行的，适用有关时效中止和程序中止的规定，切实保障当事人合法权益。

（三）全民尊法守法

全民尊法守法是战胜疫情的法宝。这次疫情涉及面广，没有谁是局外人，每个公民都承担法定的责任和义务，如果不了解疫情防控的法律法规，甚至触犯相关法律法规，会严重影响疫情防控的效果。《传染病防治法》第十二条规定："在中华人民共和国领域内的一切单位和个人，必须接受疾病预防控制机构、医疗机构有关传染病的调查、检验、采集样本、隔离治疗等预防、控制措施，如实提供有关情况。"疫情防控期间，每个公民都必须遵守国家法律法规，遵照政府发布的指令行事，如实告知自身健康状况，进入公共场所佩戴口罩，不聚集、不聚餐，服从各项防控制度的要求和安排，依法行动、依法行事。大"疫"当前，尊法守法才能遏制疫情蔓延，减少流动才是对社会的贡献。

公民尊法守法，办事依法，遇事找法，解决问题用法，化解矛盾靠法，这是法治社会的基本要求，也是疫情防控过程中公民的义务。只有全社会动员起来，自觉遵守疫情防控的各项法律法规，积极参与到疫情防控过程中，依法行使权利、履行义务，才能确保疫情防控取得胜利。

三、疫情防控中的几个法律问题

运用法治思维和法治方式开展疫情防控工作，涉及多方面法律问题。以下几个问题广受关注：

（一）关于个人如实报告问题

地方政府及有关部门要求从外地返乡的人员如实向社区（村）登记备案，自觉居家隔离，并及时汇报身体状况。这是法律法规授权地方政府，通过决定、命令、通告的方式，对公民个人提出的法定要求，必须遵守。但我们也看到，仍有人抱有侥幸心理，故意隐瞒真实行程，编造虚假往返信息，以逃避隔离措施；也有人隐瞒已有的发热咳嗽等症状，多次主动与周边人群密切接触。更有甚者，一些人在医院就诊时故意隐瞒病史、接触史、外出史，严重干扰破坏了疫情防控工作，还威胁到他人的人身财产安全。个人如实报告、不隐瞒是疫情防控的基本义务，其法律依据是《传染病防治法》第十二条："一切单位和个人，必须接受疾病预防控制机构、医疗机构有关传染病的调查、检验、采集样本、隔离治疗等预防、控制措施，如实提供有关情况。"

提供真实相关情况是一种法律义务，而故意隐瞒病情、隐瞒行踪，逃避检验检疫与治疗，实际上最先传染、最先伤害的往往是亲友。调查显示，83% 的新冠肺炎病发是以家庭为单位的。故意隐瞒、不如实报告相关情况的，可以依据地方性法规认定为失信行为、列入征信黑名单，并可以根据行为的危害性予以行政处罚或追究刑事责任。

（二）关于疫情防控措施的合法性问题

各级政府及其有关部门，根据《传染病防治法》《突发事件应对法》《突发公共卫生事件应急条例》等法律法规的规定，可以采取必要的措施来防控疫情，这就是在应急状态下，政府可以集中、扩张的一部分权力。我们列举几例：

一是对患者或疑似患者依法采取隔离措施。拒绝隔离治疗或者隔离期未满擅自脱离隔离治疗的，按照《传染病防治法》规定，可以由公安机关协助医疗机构采取强制隔离治疗措施。医疗机构发现乙类或者丙类传染病病人，应当根据病情采取必要的治疗和控制传播措施。

二是采取切断传染病传播途径的紧急措施。疫情发生以后，传染病迅速传播、暴发，及时切断传播途径，非常必要。如限制或者停止人群聚集的活动，停工、停业、停课，封闭可能造成传染病扩散的场所。

三是实施疫情严重地区公交停驶停运、通道关闭等交通管制措施。这类措施会给公众造成很大的不便，给社会带来很大的影响，但这是切断传播途径的有效手段。

四是依法临时征用房屋、交通工具以及相关设施、设备。给相对人造成损失的，应当依法给予补偿，能返还的应当及时返还。

同时，政府采取防控措施必须坚持依法行政。采取疫情防控措施必须做到以下两点：

一是要求主体合法。职权法定是依法行政最重要的要求，法无授权不可为，法定职责必须为。应急防控措施只能由政府及其相关部门依法实施，其他单位和个人不得实施，任何未经批准擅自采取设卡拦截、断路堵路、阻断交通等侵害公民合法权益的行为都是违法行为。

二是要求措施合理。根据法律规定，各级政府及其部门采取的疫情防控措施，要与疫情可能造成的社会危害的性质、程度和范围相适应；有多种措施可供选择的，应当选择有利于最大程度地保护公民、法人和其他组织权益的措施。《突发事件应对法》第十一条规定："有关人民政府及其部门采取的应对突发事件的措施，应当与突发事件可能造成的社会危害的性质、程度和范围相适应；有多种措施可供选择的，应当选择有利于最大程度地保护公民、法人和其他组织权益的措施。公民、法人和其他组织有义务参与突发事件应对工作。"

（三）关于个人和组织履行防控义务、承担法律责任问题

在重大突发公共卫生事件I级响应期间，每个公民都必须按照政府部门的相关要求执行疫情防控措施。在疫情防控的特殊时期，每个公民都承担出门戴口罩、配合测量体温、不组织和参加各类群体性聚集活动等义务，违反这些防控义务，要承担相关法律责任。公民戴不戴口罩、量不量体温、聚不聚会不再只是个体行为，而是一种法定义务。但有些人却认为，"我不喜欢戴口罩，得病了自己负责"。这种行为显然是错误的。比如，未佩戴口罩进入地铁，被工作人员拦下后，欲强行冲闯进站，这种行为可以依据《治安管理处罚法》第二十三条规定，扰乱车站、港口、码头、机场、商场、公园、展览馆或者其他公共场所秩序的，对其做出行政拘留或罚款处罚。

前面也讲到，《传染病防治法》第十二条规定："在中华人民共和国领域内的一切单位和个人，必须接受疾病预防控制机构、医疗机构有关传染病的调查、检验、采集样本、隔离治疗等预防、控制措施，如实提供有关情况。"《突发事件应对法》第五十七条规定，"突发事件发生地的公民应当服从人民政府、居民委员会、村民委员会或者所属单位的指挥和安排，配合人民政府采取的应急处置措施"。

在公共场所戴口罩、遵守封闭管理措施、减少出门，都是疫情预防控制措施，违反这些措施和规定，就要承担法律责任。《治安管理处罚法》第五十条规定，"有下列行为之一的，处警告或者二百元

以下罚款；情节严重的，处五日以上十日以下拘留，可以并处五百元以下罚款：（一）拒不执行人民政府在紧急状态情况下依法发布的决定、命令的；（二）阻碍国家机关工作人员依法执行职务的"。如果行为人不配合防疫工作，采取暴力、威胁等方法阻碍工作人员依法履行职务，例如辱骂、殴打工作人员，则以妨害公务罪定罪处罚。如果行为人不配合防疫工作，在公共场所起哄闹事，造成公共场所秩序严重混乱的，应按照寻衅滋事罪定罪从重处罚。

明知自己已经或疑似感染，不接受隔离治疗措施，仍出入公共场所，不回避他人，危害公共安全，根据《刑法》规定，一旦构成以危险方法危害公共安全罪，最高可判处无期徒刑甚至死刑。

已经确诊的新冠肺炎病人、病原携带者，拒绝隔离治疗或者隔离期未满擅自脱离隔离治疗，并进入公共场所或者公共交通工具的，同样要承担刑事责任。

前段时间有这样两个案例，福建晋江一家人从武汉返乡却谎称从菲律宾回来，之后参加宴请、婚宴，致使8名确诊病例、2名疑似病例集中收治，52名密切接触者集中医学隔离观察，91名重点关注对象实行居家医学观察，3 557名一般接触者实行医学随访。河北一患者隐瞒病情，失去最佳治疗机会而死亡，并致使77名密切接触者被隔离。这些教训是非常惨痛的。行为人只有自觉遵守法律法规，严格执行疫情防控措施，才能保证个人安全、亲友安全和社会安全。

（四）关于《野生动物保护法》修订的问题

这次新冠肺炎疫情，很大可能是由野生动物传染给人类并造成人际传播引起的。虽然我们国家制定了《野生动物保护法》，实施了严厉打击野生动物非法交易的措施，但滥食野生动物、进行非法野生动物交易的行为还是时有发生。解决这些问题，要进一步采取措施，坚决革除滥食野生动物的陋习，加强重大公共卫生安全风险的源头控制。

在现行法律体系中，直接涉及野生动物的法律主要包括《野生动物保护法》、《渔业法》、《动物防疫法》和《进出境动植物检疫法》等。当然，最主要的还是要完善野生动物保护等相关法律制度。《野生动物保护法》在 2016 年做过一次系统修订，确立了保护优先、规范利用、严格管理的原则，从猎捕、交易、利用、运输、食用野生动物的各个环节做了严格规范，特别是针对滥食野生动物等突出问题，建立了一系列科学、合理的制度。修改后的法律实施后，野生动物的保护状况有所好转。但从各方面情况看，还存在一些问题：一是相关配套规定没有及时出台、完善，有关野生动物保护的具体办法、目录、标准、技术规程等尚未及时出台和完善。二是监督检查和执法力度不够，对一些非法野生动物交易市场没有坚决取缔、关闭，甚至在很多地方，野味市场泛滥，相关产业规模很大，构成公共卫生安全的重大隐患。三是野生动物保护法的立法目的主要是保护珍贵、濒危野生动物，并且采用国际通行的名录保护办法。因此，有必要进一步补充完善《野生动物保护法》等相关法律法规，扩大法律调整范围，加大打击和惩治乱捕滥食野生动物行为的力度。全国人大常委会法工委已经部署启动《野生动物保护法》的修订工作，拟将修订《野生动物保护法》列入常委会今年的立法工作计划。

（五）关于对密切接触者一律集中隔离的问题

考虑到新冠肺炎的传播性较强，又具有无症状传染等复杂性，集中进行医学观察措施十分必要。这样可以有效阻断密切接触者可能产生的传染途径，还可以有效解决居家隔离过于分散、监督不力、提供生活必需品不及时等问题。防止出现居家隔离者不及时上报信息，甚至违反规定随意外出等问题。

在相关法律中也有规定，《传染病防治法》第三十九条规定：医疗机构发现甲类传染病时，对于相关密切接触者，可以在指定场所进行医学观察和采取其他必要的预防措施。《突发公共卫生事件应急条例》第四十一条规定："对传染病暴发、流行区域内流动人口，突发事件发生地的县级以上地方人民政府应当做好预防工作，落实有关卫生控制措施。"

集中隔离，涉及场所征用问题。《传染病防治法》第四十五条规定："传染病暴发、流行时，根据传染病疫情控制的需要，国务院有权在全国范围或者跨省、自治区、直辖市范围内，县级以上地方人民政府有权在本行政区域内紧急调集人员或者调用储备物资，临时征用房屋、交通工具以及相关设施、设备。""临时征用房屋、交通工具以及相关设施、设备的，应当依法给予补偿；能返还的，应当及时返还。"因为财产在被征用期间无法正常使用，财产的收益权、使用权受到限制，应当给予适当补偿。

（六）关于疫情信息发布与报告问题

疫情信息报告与发布，关系到重大公共利益和每个公民的个人权益,《传染病防治法》和《突发事件应对法》都有明确规定。相关医疗机构、疾病预防控制机构和医护人员应当依法准确及时将疫情信息报告上级主管部门,国家和省级卫生健康部门应当及时准确发布疫情信息,县级以上人民政府应依法发布预警信息,为疫情防控赢得宝贵时间。

新冠肺炎疫情来势汹涌,对国家治理体系和治理能力无疑是一次"大考"。**要高度重视法治在疫情防控中的重要作用,进一步完善立法、执法、司法和守法等各项制度措施,运用法治思维和法治方式开展疫情防控的各项工作。唯有厉行法治,充分发挥法治在疫情防控中的引领、规范和保障作用,才能打赢疫情防控这场阻击战。**

（该视频公开课上线时间为 2020 年 3 月 6 日）

| 金灿荣 |

长江学者特聘教授、中国人民大学二级教授、博士生导师，中国人民大学中国对外战略研究中心主任，兼任中国未来研究会理事长、中国国际关系学会副会长、中国太平洋学会副会长等。主要研究领域为美国政治制度与政治文化、美国外交、中美关系及大国关系、中国对外政策。

从国际角度看中国防疫

◎金灿荣

2020 年初，新冠病毒袭击了中国，造成了非常严重的影响。这场新冠肺炎疫情夺去了许多人宝贵的生命，对社会生活秩序造成了猛烈的冲击，对经济造成了非常大的负面影响，例如餐饮、娱乐、旅游、公共交通、酒店、影视等行业损失非常大。今年这个开局非常不平静，大家的心情或多或少都有些沉重。

面对这次疫情挑战，首先，应该向在抗击新冠肺炎疫情一线中牺牲的人士致敬！这些因公殉职的人不仅有医护人员，还有基层干部、民警、工人等。我们应该向他们致敬。

其次，一些新冠肺炎患者去世，他们非常不幸，生命戛然而止。我们应该向他们表示哀悼。也有部分患者已经痊愈出院了，我们大家很高兴；而对于还在治疗过程当中的患者，我们祝福他们早一点康复。

再次，向依然奋战在一线的医护人员、民警、基层干部、外卖小哥，还有其他工人致敬！

最后，祝愿我们伟大的祖国能够顺利地渡过这个难关，战胜新冠肺炎疫情。

下面我主要从国际比较的角度来谈一谈中国抗击新冠肺炎疫情的情况。

一、2020 年不平凡的开局

2020 年有一个不平凡的开局，天灾猖獗，"人祸"不少。

天灾当中最严重的就是当前的新冠肺炎疫情。新冠病毒本身是人类共同的敌人，我们应该共同应对。今年初的天灾除了新冠病毒还有别的，例如：

美国流感特别严重。根据美国疾病控制中心（CDC）公布的数据，从 2019 年 10 月开始的美国流感至 2020 年 2 月 16 日已感染了 2 600 万人——美国总人口才 3.2 亿多，也就是说，超过 8% 的人被感染了。其中，住院的有 25 万人，死亡 14 000 人。

澳大利亚有火灾。这个火灾从 2019 年 6 月就开始了，持续半年多了，过火面积超过 1 000 万公顷，近 10 亿生物失去了生命，这里面还包括几十个人。很多国宝级的动物，比如考拉，它们的生存环境变得十分恶劣。

非洲的蝗灾。从东非开始，蝗虫越过红海，越过波斯湾，到达了印度和巴基斯坦，对粮食生产造成很大影响。现在我国特别重视抓农业的春耕，就是缘于国际上遇到蝗灾。

四大自然灾害已经降临：一个新冠病毒，一个美国流感，一个澳大利亚火灾，一个非洲蝗灾。当然还有其他的，比如菲律宾的火山爆发；再如，西欧"席亚拉"飓风冲击了很多国家的城市，导致了一些人员伤亡和严重的财产损失。

"人祸"今年也比较多。如果大家关心国际政治，应该有一点感觉，今年是大事不断。比如，美国在伊拉克暗杀伊朗高级将领，导致美国和伊朗之间的矛盾升级。又如，美国弹劾案、英国脱欧、德国执政党内部分裂。再如，俄罗斯梅德韦杰夫政府辞职，普京总统要修宪，这对未来俄罗斯政治影响非常大。此外还有土耳其和邻国的冲突，包括和叙利亚政府军的冲突，与叙利亚和伊拉克境内的库尔德人的冲突。另外，美俄矛盾很尖锐，韩国跟日本贸易摩擦很厉害。

今年这个开局用老百姓的话讲就是"很折腾"，我的概括是今年开局非常不平凡。美国有选举和两党激战、弹劾，欧洲有英国脱欧、欧盟内部的问题、北约问题，中东、东亚也有问题。天灾是全球都有，但是"人祸"集中在北半球。对于中国来讲，现在我们最关注的、对我们影响最大的是新冠肺炎疫情。我们应该众志成城、万众一心，战胜疫情，这是我们关注的焦点。

国际上对疫情也高度关注。世界卫生组织于 2020 年 1 月 30 日宣布新冠肺炎疫情为国际公共卫生紧急事件（PHEIC）。新冠病毒不仅在我国肆虐，而且在别的国家也严重起来了，世界卫生组织必须行动起来。防范新冠肺炎疫情已经是个国际事件了。

二、瘟疫与人类社会

瘟疫对中国历史的影响很大。比如东汉末年。汉朝经历了西汉、王莽新朝、东汉这几个阶段，总体来讲延续时间很长；汉灭亡后，中国历史进入三国鼎立、两晋、南北朝时期。东汉末年王朝分裂的一大原因就是瘟疫横行——瘟疫导致社会秩序崩坏，引发了起义，东汉王朝的统治被推翻。从历史记载来看，当时人口剧减：东汉王朝后期中国社会总人口是 6 000 多万人，到了三国后期就只有 1 500 万人了。这里面很重要的一个原因就是瘟疫。再如明末清初。历史学家认为明朝灭亡的一个重要原因也是瘟疫，然后社会秩序崩坏，导致了农民起义。起义冲击了明王朝的秩序，然后才有清兵入关，才有清朝的建立。

在西方历史上，人们也是谈"疫"色变。西方的历史特别强调两个瘟疫，一个是始于 1347 年的黑死病（鼠疫），另一个是始于 1918 年的西班牙流感。西方人说鼠疫是由蒙古军传入的——1347 年蒙古军攻打黑海港口城市卡法（现乌克兰的费奥多西亚），把感染鼠疫的尸体扔到卡法城里。之后，鼠疫由亚欧商人传到欧洲。鼠疫首先从意大利蔓延到西欧，而后到北欧、波罗的海地区，再到俄国。它在欧洲肆虐了好多年，导致 2 500 万人去世，欧洲人口三去其一。

1918 年出现的西班牙流感，一般认为源头是美国堪萨斯州的美军训练营，"零号病人"出现在这里，时间是 1918 年 3 月 4 日，当时世界上死了 5 000 万到 1 亿人。

瘟疫对战争有重大的影响，因此对历史有深刻影响。现在研究战争史的学者有一种观点，拿破仑大军征战俄国失败，其实主要原因是伤寒。虽然俄国历史教材都说苏沃洛夫元帅和库图佐夫元帅厉害，但是从事实上讲拿破仑大军主要是被伤寒击败的，60万大军进去之后才出来5万多人。伤寒严重的时候，拿破仑大军一天死亡6 000人，这个比战斗减员要多得多。1918年春，德国人知道美国大军来了，他们希望在美国主力部队到达欧洲以前结束西线作战。所以他们就发起了猛攻，不料却遭遇了西班牙流感，每天因流感减员的人数是战斗减员人数的一倍还多。

总之，瘟疫对中国和对西方的历史影响都非常大，所以认真地应对疾病，尤其是瘟疫，永远是国家治理的重大任务。

三、中国新冠肺炎防疫战

现在从各种迹象来看，新冠病毒在2019年12月初甚至更早就出现了，后来疫情逐渐严重化。从这个时间来讲，我们在新冠病毒出现以后的早期应对上可能有点问题，但很快我们就采取了一系列有效政策控制住了局面。

例如，2020年1月23日对武汉封城。在人类历史上对一个人口千万的城市进行封闭是前所未有的，所以很多外国人感到非常吃惊，觉得不可想象。

对武汉封城，需要政府决策层下很大决心，因为它对武汉人民

的生活影响太大了。武汉户籍人口是 900 多万，加上常住人口有
1 500 多万，整个湖北省接近 6 000 万人，跟法国的人口差不多。
如果不封城，春节期间人流量如此之大，后果将不堪设想。

封城的代价也很大，放到外国这是不可想象的。这一点外国人
很难适应，但是总体来讲评价是非常高的，许多人觉得中国的做法
是对的。2020 年 2 月 3 日，美国《华盛顿邮报》载文称"中国牺
牲了一个省去拯救世界"（China sacrificed one province to save
the world）。

从 2019 年 12 月下旬到 1 月初，我们对新冠肺炎疫情反应有点
慢，可能有几个客观原因：

一是新冠病毒很难防范。人可以无症状携带它，并传染给他
人。二是新冠肺炎疫情发生的时候正好赶上感冒流行，有一部分人
是新冠肺炎，还有一部分人是感冒，众多的发烧患者去门诊，导致
疫情蔓延。三是武汉人多，影响大。武汉，九省通衢，是一个交通
枢纽，有 500 万人在武汉封城前外出到各地，这个影响不小。四
是正逢春节假期。对于中国人来说，腊月二十三小年后就进入春节
了，特别是在农村地区，人们不干活了，一直到正月十五。以上几
个方面叠加在一起，导致我国对这一次新冠肺炎疫情的早期应对有些
问题。

但是，我们国家重视以后，对疫情的应对令世界震撼，国际社
会主流评价非常积极。我们的政府不仅决断力强，行动力也非常强，
社会总体来讲也非常理智、非常配合。疫情严重的地方，绝大部分
人还是遵守自我隔离要求的。所以我觉得中国社会是理性的，政府

的管理能力是非常强大的。

在防范疫情的过程中，海外华人华侨，还有中国留学生，捐钱捐物，支援中国的抗疫战。肯尼亚江苏商会包了一架南航的专机，运送的全部都是口罩，非常感人。还有国际社会也给我们带来了温暖。2020年2月15日，王毅外长在慕尼黑安全会议上发表演讲时说，全球已有160多个国家和国际组织的领导人对中国的抗疫工作表示了支持。后来有几十个国家采取了行动，很多国家的政府送来了大量的物资。

四、国际比较和评价

今年国际上灾害很多，但影响最大的是新冠肺炎、美国流感、澳大利亚大火和非洲蝗灾。我们在此做一下横向对比。美国对流感没有采取什么严格措施，就是提醒大家要去打疫苗，所以导致流感影响很大。截至2020年2月16日，美国2600万人被感染，25万人住院，14 000人已经去世。就澳大利亚的火灾来说，政府作为很少，前线消防主要靠民间力量。对于蝗灾，坦率地讲，非洲国家应对能力严重不足。相比较而言，我们对疫情的防控是最有效的。

稍微往前推一点我们还可以做比较。比如，2009年美国出现了甲型H1N1流感。自2009年至今，从美国发源的甲型H1N1流感影响很大，蔓延到214个国家和地区，好几千万人被感染，28万人死亡。然而美国政府作为很少，基本上是靠民间力量抵挡。

2011年3月，日本东北部海域发生地震并引发海啸。大海啸导致福岛核电站发生核泄漏事故。福岛核电站问题到现在还没有处理好，好几万福岛居民回不了家。

2005年卡特里娜飓风席卷美国南部，造成了灾难性的破坏，其中新奥尔良市八成地方被洪水淹没，而美国政府应对的混乱和手足无措引发美国内部的争议。

事实说明，中国应对新冠肺炎疫情是很有力的。国际社会对中国防疫的主流评价也是非常好的。如上文已经提及的《华盛顿邮报》的报道："中国牺牲了一个省去拯救世界。"再如，日本学者加谷珪一在其《战时状态凸显中国制度优势》一文中说，中国的动员能力太强大了，中国的空运能力是日本的4倍，铁路运输能力是日本的90倍。中国的综合国力是非常强的，"中国是一个不可挑战的国家"。

现在国际上对中国的评价比较复杂，有些国家的评价甚至是有问题的。美国有一些学者和高官讲话不太负责任，比如美国2020年2月3日《华尔街日报》有篇文章说"中国是真正的'亚洲病夫'"，作者是研究经济学，但是也有人类学、历史学背景的专栏作家米德。2月10日，美国商务部长罗斯在福克斯新闻里讲，新冠病毒对美国是件好事，可以导致制造业工作机会回流美国。2月16日，共和党参议员汤姆·科顿公开说新冠病毒可能来自武汉病毒研究所，是人为制造的灾祸。他的指责是毫无根据的。但是我认为这些只是支流，绝大部分国际舆论对我国的疫情应对还是非常肯定的。

具体来讲，国际社会对中国新冠肺炎疫情防控方面肯定的有以下几点：

一是中国共产党的领导力。全国一盘棋，一方有难，八方支援。各省区市支援武汉的医护人员有几万人，这个是别的国家做不到的，这一点令包括西方在内的国际社会非常震撼。

二是组织力。中央一声令下，社区工作人员都开始发动起来，进行网格化治理。大量的社区干部、社区一线工作人员非常了不起，他们工资待遇并不高，防护措施也有欠缺，但这并不妨碍他们夜以继日地有效组织社区防疫。

三是动员力。我国领导人决断力很强，为了坚决抗击新冠肺炎疫情，对武汉市采取了封城抗疫的措施，并对其他各省区市进行严格的防疫管理。我们为了抗疫进行全国总动员，这是一种能力。

四是工业能力。我国宣布在武汉建两所应急医院，基本上十天建成。一开始西方很多人都不相信，非裔美国笑星崔娃曾在电视节目中提道，十天时间在美国连个电话都修不好，但是在中国竟然能够建成有2000多张床位的野战医院。我们对火神山医院建设进行了直播，网民们把自己叫"闲疯（咸丰）帝"、云监工，每天看工程进展，这是非常鼓舞人心的。这个工业能力在世界上绝对是独一无二的，医院建设非常复杂，平整土地、运输材料、供水供电、提供机械……需要不同公司通力合作。全世界能够在短时间配套的只有中国，这体现了我国强大的工业能力。

五是科技能力。在我国科技人员的共同努力下，新冠病毒毒株七天就分离出来了，世界卫生组织对此赞叹不已。日本有个电视节目的主持人调侃中国，说中国应对慢了，结果一个在日本很权威的女病毒学家说这个科技能力日本没有。她提及七天分离新冠病毒毒株的科技能力在国际科技界是非常强的。我们很早就把疫情通报给世界卫生组织和主要国家，包括美国。我们第一时间将新冠病毒的基因组序列公布出来，以便国际社会有针对性地进行疫苗研究。

同时，也有一些人心存困惑：中国工业能力这么强，疫情来了之后怎么会出现医护人员的医用物资不够用的情况呢？坦率地讲，这个情况正说明新冠肺炎疫情来得突然。我国每年生产45亿只口罩，占全世界口罩生产能力的50.3%。没有这种疫情，口罩是够用的，我们也有一定的储备。但口罩是有保质期的，特别是医用外科口罩还需要一些防止病毒渗透的特殊材料，这个材料的物理特性决定了其不能永久保存。所以虽然我国口罩生产年均占世界一半份额，但是由于疫情来得太突然，再加上口罩用量特别大，一段时间形成了短缺。

正因为有这个短缺，许多企业开始转产。富士康宣布开始转产口罩后，到3月份一天的产量能达到500万只，相当于我国原来日产量的1/4。另外，中石化等企业也在转产。原来我国一年生产45亿只口罩，现在增加了新产能，如果这些新产能全部启动，到年底我国会生产3 150亿只口罩，其产量能实现七八十倍的增长。

这就是中国的能力。政府的领导力、组织力、动员力是软实力。从目前来看，这种软实力得到了国际社会的普遍肯定。工业能力和科技能力是硬实力。我国的工业生产能力无与伦比，火神山医院、雷神山医院迅速建成，口罩生产产能急速提升。科技能力表现得比较充分的方面就是快速分离出病毒毒株；还有大数据应用得特别好——腾讯、阿里巴巴等公司一起合作，大数据、人工智能发挥作用，迅速锁定武汉封城以前500万人的出行信息；还有一些地方执法时使用无人机。这些都是利用高科技手段应对疫情，应该是我国的一个特点。

国际上的这些肯定离不开奋战在抗疫一线、跟疫情战斗的最美"逆行者"，医护人员、战士、民警、基层工作人员、工人、外卖小哥等，大家都做出了无私的奉献。与此同时，普通群众也严格遵守政府规定居家隔离。面对疫情，我们团结一致、坚决抗疫的精神，给国际社会留下了深刻印象。

五、疫情的初步影响

新冠肺炎疫情对我国的影响很大。首先是国内的经济影响。我国上下同心，众志成城，使防疫工作取得了阶段性的胜利。目前大家开始关注复工，就是控制疫情对经济的影响。政府不断推出各种帮助中小企业度过艰难时刻的政策。中国有很多经济学家，最后会有多少经济上的影响，他们会给大家一个答案。而我从一般学者，或者以消费者的角度来谈谈我的想法。

　　这一次疫情所造成的经济损失肯定会比2003年"非典"疫情时大，原因很简单，我们现在经济体量更大。2003年我国的GDP为12万亿元，但是2019年我国的GDP为99万亿元，是2003年的8倍多。另外，第三产业占比变化比较大。2003年工业占比特别高，服务业占比比较低，而现在服务业占比53.9%，比2003年高十几个百分点。而受新冠肺炎疫情影响最大的就是服务业。中国餐饮业特别发达，但疫情来临，餐饮业5 000亿元的营业额受到很大冲击。旅游景点门可罗雀，电影业、酒店业等均不景气，总之经济损失应该比2003年大很多。但跟2003年不一样的是，我们的线上经济比以前发达，因为有电商，大家足不出户还可以进行采购；线上经济能够弥补一部分线下经济的损失。另外，随着大家在防疫同时也要重新恢复到正常生活，一些网上学习、办公方式开始为更多人采用，网上教学、远程医疗、网上商务有了显著的发展。从某种意义上讲，这个疫情也会促进中国5G快速地发展。

　　这次疫情对国际经济的影响也很严重。中国经济受损，对世界的影响是非常大的。首先中国的经济体量很大，2019年中国GDP接近100万亿元，占世界经济体量的16.3%。世界全球化高度发达，中国与世界的联系到了前所未有的高度。举例而言，中国目前已经是亚太地区旅游市场的第一大客源国，也是世界第一大游客输出国。中国出境游占亚太地区旅游市场的57%。

　　中国在世界生产链上的战略地位很重要，中国一旦停工，全球许多企业都会出现供应危机。如果中国人停产，美国一些基础药物，如治疗糖尿病、高血压、高血脂等慢性病的药就会出现短缺。苹果手机由于中国部分工厂停工，月出货量至少减少 100 万部。又比如韩国现代集团大量的零件是在中国生产的，中国停工导致韩国国内的现代生产线暂时也停了。所以我国的疫情控制特别重要，疫情结束得越早，对世界经济的影响就越小。

病毒不分国别，是大家共同的敌人，如果中国经济衰退，对其他国家也有连带影响。像美国商务部长罗斯讲的话肯定是不对的，实际上制造业并不会因为新冠病毒就转移到美国。这也提醒我们，在全球化时代，各国之间的联系比我们想象的要紧密。习主席近年来提出推动建设"人类命运共同体"，这是有扎扎实实的事实基础的。我们人类是有共同利益的，一荣俱荣、一损俱损。

现在国际社会对疫情的看法比较复杂。我国认为新冠病毒是人类的天敌，因此我们的防疫特别透明，跟国际社会的交流非常充分。世界卫生组织专家组跟中国专家开始协作，这是很积极的信号。当然国际社会也有一些人的反应很负面，对中国疫情反应过度。有100 多个国家对中国人加以限制，有些国家出现排华种族主义，把新冠病毒叫作"中国病毒""武汉病毒"，对中国人进行种族歧视。但是多数人现在看待中国还是比较正面的，对中国的努力和牺牲是欣赏的，也看到了中国防疫的力量，看到自己与中国的经济关联。在抗击新冠肺炎疫情的过程当中，正常理性的国际人士应该更清楚我们生活在同一个世界，会对习主席提出的"人类命运共同体"概念有更好的理解。

六、关于疫情的反思

疫情防控工作已经取得了一定的成绩，此时更需要对疫情工作进行反思。现在我们有两大任务，重中之重是防疫，同时也要恢复生产，不要因为疫情把我们经济搞垮了，经济垮了社会也会出现问题，政治也会出现问题。以下从九个方面进行反思，以期对中国未来的发展有所助益：

一是社会治理能力水平有待提升。我国这些年城市化发展速度非常快，快了以后就会有问题——城市的治理跟不上。比如，社区管理力量很薄弱，社区工作人员少，待遇低吸引不了人才。

二是对公共卫生问题的预警机制必须进行反思。在观念上防病要高于治病，最好的治病就是让病不发生。毕竟治病不仅会带来经济损失，还会造成身心的痛苦。

三是我国的危机储备机制有待增强。中国发展到今天有一定经济实力了，公共卫生的这种物资储备应该更好一点，再不要出现疫情来了以后，医护人员没有防护服的尴尬情况。

四是医疗改革应该慎重。这几年我们鼓励民间资本办医院，然后导致现在公立医院数量大概只占1/3，民间资本控制的医院占了2/3。但在抗击新冠肺炎疫情的过程当中，发挥主要作用的还是公立医院。医疗事业公益性很强，市场化步伐需要调整。

五是坚决抵制一些政府部门的形式主义问题。基层干部工作八个小时了，回去还要填两个小时表格。干部选拔过程中可能有一些问题需要去深究，我们应当反思为什么个别主管公共卫生的官员对本地区的床位情况、病人情况一问三不知。

六是中国和国际专业机构的对接机制应该更流畅。这一次我们跟国际社会总体来讲交流得很好，世界卫生组织对我们评价不错，但很多西方国家还是对我们有偏见。首先西方舆论对我们有偏见，其次有些国家对中国疫情反应过度。世界卫生组织要各国提高警惕，让国民测体温、戴口罩、不要出行太远，结果一些国家直接就断航了。

七是在科技领域，尤其在生物科技研究方面改变评价体系。现在我们评价一个科技人员时，在英文核心期刊上发文占的比重太高，而解决我们老百姓生活当中具体问题的能力占比不够高。新冠肺炎疫情发生以后，2020 年 1 月 30 日科技部出台了一个文件，希望我们科技人员的工作重心不要放到在英文核心期刊上发文，要把论文"'写在祖国大地上'，把研究成果应用到战胜疫情中"。我们科技研究的思路不能被在英文核心期刊上发文牵着鼻子走。评价机制应该鼓励实践，鼓励为中国大众服务，鼓励为解决中国的问题服务。

八是我国发展科技的思路应该注重自主创新。中国是个有着 14 亿人口的大国，我们要民族复兴，我们要走自己的路，就一定要建立独立自主的科研意识。

九是从国家安全的角度来讲，我国一定要加强生化方面的研究。害人之心不可有，防人之心不可无。加强对生物战的研究，加强对

国家生物安全问题的研究应该是我国安全战略的大方向。我们一定
要对现代国际关系的各种情况都有充分的准备，要争取好的结果，
团结大多数，对战略对手也要更好地研究和防范。

（该视频公开课上线时间为 2020 年 3 月 9 日）

|　蒙　曼　|

　　中央民族大学历史文化学院教授，中央民族大学党委委员，兼任全国妇联
副主席，主要研究领域为隋唐史及中国古代女性史。

事事关心，人人尽力

◎蒙　曼

　　世事无常。没有任何一个人能想到，21世纪的第三个十年会以这样一场波及全球的瘟疫开篇。人心有定。每一个被波及的人都在思考：为什么会是这样？我应该何以自处？我想，所谓"灾难是一个课堂"，大概的意义就在这里：我们人类注定无法避免灾难——人生的、社会的，乃至自然的，所以我们一直力图应对灾难——从手段上，也从观念与心灵上。我们会战胜灾难，那是因为我们会反思灾难，让它成为我们前行的动力，这就是古人所讲的"前事不忘，后事之师"。

　　对于广大同学而言，假使并非身在疫区，身体健康，那么，此次新冠肺炎疫情对我们最直接的影响大概就是不能像以往那样如期返校。但尽管如此，各个学校还是像往常一样"如期开学"了——"停课不停学"。这也是学校或者说整个教育界乃至知识界的一种坚守。坚守什么呢？我们坚守这样一种认识：人什么时候都不能停止学习，人能从各种经历中获得成长。具体的收获一定是因人而异的，每个人的处境不同，心智也千差万别。就我个人而言，收获的最核心认识就是这篇文章的标题——事事关心，人人尽力。

一、事事关心

"事事关心"出自明末东林党领袖顾宪成撰写的一副著名对联。上联是"风声雨声读书声，声声入耳"，下联是"家事国事天下事，事事关心"。当年，顾宪成从吏部员外郎罢官之后，回到家乡无锡创办东林书院，这副对联，就是他为书院撰写的。就是以这座书院为核心，明末政治舞台上大名鼎鼎的东林党议论纵横。从这个角度看，这副对联，既是东林书院的主张，基本上也可以算作东林党的主张。这个主张就是号召天下的书生，读书不是寻章摘句，而是要胸怀天下；做事也不要只顾自身，而是要兼济天下。换句话说，读书不是为了做官，至少不只是为了做官，而是为了家国天下。这是一个令人心潮澎湃的主张。

今天的同学们生活在一个和平而富足的时代，对自身和家国天下的关系未必认识得多全面，平日往往会产生小确幸的念头，觉得过好自己的小日子就行了。但是，这一次疫情，大家都应该鲜明体会到了个人和群体，和整个国家乃至天下的关系。这次疫情，波及全中国所有省份，累计确诊超过 8 万人，死亡超过 3 000 人。习近平总书记 2020 年 2 月 23 日在统筹推进新冠肺炎疫情防控和经济社会发展工作部署会议上指出："这次新冠肺炎疫情，是新中国成立以来在我国发生的传播速度最快、感染范围最广、防控难度最大的一次重大突发公共卫生事件。"时至今日，中国早已不是疫情肆虐的唯一战场。目前，世界各大洲均有确诊病例，有些国家的疫情发展相当严重。我们都在焦灼地等待着疫情过去、重返校园的那一天，但是永远不要忘记，还有那么多人失去了生命，再也看不到即将到来的春天。无人能够置身事外，这是我们必须事事关心的最重要理由。

我们关心什么呢？我们最关心两个问题。第一，问题出在哪儿？第二，希望又在哪儿？这其实呼应了两个重要的主题——忧国和知国。

先看忧国。国家遭遇疫情，国民经受苦难，问题究竟出在哪儿？我想，除了病毒的不可抗力之外，还有三个方面的人为因素必须重视。

第一，生活方式问题，或者说，人和大自然的关系问题。这次新冠肺炎疫情的病源还未完全确认，但大多数科学家认为，疫情的暴发，跟人类滥食野生动物有很大关系。而疫情最早发现集中暴发的地方，也正是武汉的华南海鲜市场。这个叫作"海鲜市场"的场所不仅经营海鲜，还经营大量的所谓"野味"。这些"野味"本来应该叫作"野生动物"，是我们生生把这些行走山林的动物变成了嘴里的味道。其实，吃"野味"让我们付出的代价不止这一次。上一次的代价是2003年的"非典"。就是那次疫情让我们都知道了一种叫作果子狸的动物，这种动物在一些词典上是这样解释的：果子狸，动物名。又称花面狸、白额灵猫。产于东南亚及我国长江流域及其以南地区。大小像家猫，嗜食谷物、果实、小鸟、昆虫等。肉可食，味鲜美，毛皮可制裘。这些说法可能都是真的，但它真不应该是中国人做出的解释，因为我们的哲学最讲究天人合一。我们的传统很少讲征服自然，我们主张人和大自然融为一体，就像李白在其诗里说的那样："众鸟高飞尽，孤云独去闲。相看两不厌，只有敬亭山。"
我们眼中的果子狸也罢，蝙蝠也罢，应该带着山林的逸气甚至仙气，
而不应该飘出鲜美的味道。

在天人合一的自然观念下，我们对美好生活的期待是什么？是
陶渊明追求的"狗吠深巷中，鸡鸣桑树颠"。在共同的天地之间，
人类也罢，动物也罢，植物也罢，都相互依存，而又和谐共生。我
们当然不是苦行僧，也会吃酒肉，也会宴宾朋，但我们最推崇的享
受是孟浩然的"故人具鸡黍，邀我至田家"。不必非得有什么珍馐
美味，只要捧出一颗心来，自家种的黍米，自家养的鸡鸭，自家酿
的浊酒，就能让客人宾至如归。可能有的同学会说，难道传统文学
作品里没有"野味"吗？当然也是有的，比如《红楼梦》里，富贵
尊荣的贾母会吃风腌果子狸，会喝野鸡崽子汤，大观园里的公子小
姐们还会自己玩笑着烤鹿肉吃。但那都是小规模的食用，和大规模
的社会需求关系不大。但是现在，"野味"成了很多人炫耀的道具或
者尝鲜的目标，它们流转在各种合法与非法的市场，摆上了大大小
小的餐桌，这就使得"山林"与"市井"的界限模糊了，也使得人
与自然的关系扭曲了。这样的扭曲带来了自然界的报复，而曾经隐
藏在野生动物体内的陌生病毒进入人体，正是自然界的报复手段之
一。在这场人与自然的角力之中，人是推手，又是输家。既然如此，
为什么不反省一下我们的生活方式，回到天人和谐的古老主张上来
呢？我想，这既包含着下一步的国家立法问题，也包含着我们每个
人的生活方式转变问题。

第二，反应方式问题，其实也是如何坚持中庸之道的问题。所
谓中庸，意思是不偏不倚，无过无不及。而我们这次对灾难的反应，

恰恰存在着"过"与"不及"的偏颇。不及之处自不待言，然而，"不及"不是唯一需要改进的问题。在开始严格防控之后，个别地方又做"过"了。这些过激反应同样造成社会痛点，让本来已经承受痛苦的弱势群体更加雪上加霜。中国有一个成语叫过犹不及。矫枉过正，照样伤人害人。

"不及"也罢，"过"也罢，仍然不是中国人应该出的问题。为什么？因为我们传统的思想基础是儒家思想，而儒家学说最讲中庸。所谓中庸，就是无过无不及的态度。《论语·雍也》云："中庸之为德也，其至矣乎！"我们儒家两千多年的传统，讲的就是合理、正常、无过无不及。放在这次疫情中，就应该是合情合理地面对问题，思考最合适的解决方式，而不是时而畏事，时而偏激，让本已严重的问题更加复杂。

第三，表达方式问题，其实是如何做到温柔敦厚的问题。如果我们把这场疫情分成三段，生活方式更多属于前段的事，反应方式更多属于中段的事，表达方式则更多是属于后段的事。面对灾难，我们该说些什么，又该以什么方式说呢？实事求是地讲，此次举国抗疫，我们讲出了很多感人肺腑的好故事，正是这些万众一心、不屈不挠的动人事例在提振士气，鼓舞人心。我们甚至改造出了一个美丽的词汇，叫"逆行者"。众所周知，这本来是一个交通方面的词语，是指反方向驾驶，因而违反交通规则的人。但是现在，**我们管千里迢迢奔赴疫区的医护人员叫"逆行者"，管昼夜不息建设火神山和雷神山的普通建设者叫"逆行者"，管行走疫区大街小巷，坚持送人送货的快递小哥叫"逆行者"。这些人逆的是私情，行的是公**

义。他们是这个冷冬中的火苗，因为有他们，我们更觉得这世界值得。但是，我们的媒体也讲了挺多不怎么讨喜的故事，比如 20 多天的孩子问当医生的妈妈干吗去了，比如被大力宣扬的给女医护人员集体剃光头。这些表达非常煽情，但是，因为过于不专业而饱受诟病，这样的表达方式大大降低了应有的宣传效果。针对这次在救护战场上多达 79% 的女性医护工作者，我个人非常认可这样一个观点："与其歌颂女性的奉献，不如肯定她们的专业。"其实，不仅仅需要肯定女性医护工作者的专业性，更应该重视新闻媒体的专业性，因为只有专业才能让人信服。这种非专业性的煽情仍然不是中国人应该犯的错误。因为《礼记》讲："温柔敦厚，《诗》教也。"所谓温柔敦厚，就是朴实而不夸张。孔子说"乐而不淫，哀而不伤"，这是中国最传统的美学情趣，这种情趣里包含着克制，也包含着公信力，值得所有人思考、借鉴。

习近平总书记 2020 年 2 月 23 日在统筹推进新冠肺炎疫情防控和经济社会发展工作部署会议上指出："在这次应对疫情中，暴露出我国在重大疫情防控体制机制、公共卫生应急管理体系等方面存在的明显短板，要总结经验、吸取教训，深入研究如何强化公共卫生法治保障、改革完善疾病预防控制体系、改革完善重大疫情防控救治体系、健全重大疾病医疗保险和救助制度、健全统一的应急物资保障体系等重大问题，抓紧补短板、堵漏洞、强弱项，提高应对突发重大公共卫生事件的能力和水平。"

社会的短板，不仅总书记在思考，我们也要思考，甚至是一边难过一边思考，一边生气一边思考。思考是人类最重要的力量，是大学生应有的精神追求。陆游说"位卑未敢忘忧国",忧国就是要替国家思考,甚至可以思考得严重一点,思考到位了,行动才能跟上。但是,忧国绝不意味着丧气。中华文明历经数千年,经受了别的文明经受不了的风浪,克服了别的文明没有克服的困难。我们的文明、我们的体制,会给我们什么样的希望呢?这就是第二个问题,知国。我们的国家有三个特性,这三个特性是我们战胜困难的最重要支撑。

第一个特性是仁的思想基础。 我们中国人的传统的思想基础是儒家思想。儒家思想的核心就是仁。关于"仁",孔子给了一个最经典的解释,叫"仁者爱人"。这种爱人之心如何形成的呢?孟子又给了一个最合理的路径:"老吾老以及人之老,幼吾幼以及人之幼。"这其实就是我们所说的推己及人。由推己及人导向民胞物与,使我们的文明充满着仁义的力量。而仁义恰恰是我们应对灾难的最重要的精神武器。如今我们都在赞美"逆行"的医护人员,其实,中国古代的医生,就秉持着视人如伤的精神传统。在中医学界,我们熟知两个成语,一个是杏林春暖,一个是橘井泉香。所谓"杏林春暖",讲的是东汉三国时期董奉的故事。董奉是东汉建安时期名医,福建人。东汉三国正好是中国古代瘟疫非常严重的时期,曹操《蒿里行》云:"白骨露于野,千里无鸡鸣。生民百遗一,念之断人肠。"造成这样惨景的,正是当时连绵不绝的战争和瘟疫。事实上,就是因为建安二十二年(公元217年)的那场瘟疫,建安七子去其五,这是何等悲惨的局面!董奉行医,就是在这个时代。据说,他医术高明,而且治病不取钱物。只要重症病愈者栽杏5株、轻症病愈者栽杏1株即可。数年之后,他屋后有杏万株，郁然成林。谁想吃杏子都不收钱，但是，必须拿谷子来交换。换来的谷子干什么呢？董奉再拿它赈济贫民，供给行旅。这就是中国古代备受推崇的"杏林春暖"。所谓"橘井泉香"，讲的是西汉文帝时名医苏耽的故事。苏耽医术精湛而且精于预测未来。有一次，苏耽有事外出，需三年方回。临走之前，他对母亲说：明年会有一场大瘟疫，咱们院子里的井水和橘树就能治疗。患者如恶寒发热，胸膈痞满者，您给他一升井水、一片橘叶，煎汤饮服，立可痊愈。后来的情况果然如苏耽所言，天下瘟疫大行，求井水橘叶者，远至千里；煎汤饮服者，也均得治愈。此后人们便以"橘井泉香"来歌颂医家救人的功绩。杏林春暖也罢，橘井泉香也罢，讲的故事里有演绎的成分，但它所讴歌的大医精诚、仁心仁术却绝无夸张，是我们民族生生不息的精神力量。

推广开来，不仅医生以仁心为本，在中国古代，评判好的官员、好的君主，也都以"仁"作为最核心的标准。好的官员是什么样子？范仲淹"先天下之忧而忧，后天下之乐而乐"堪为表率，这是对天下最广泛的"仁"。好的君主是什么样子？大禹"人溺己溺，人饥己饥"最为典范，这是对百姓最深沉的"仁"。"仁"不是什么高深的概念，它只是要求爱人，把人当回事而已。这种非常朴素的温情和道义是我们中华民族的精神底色，让中华民族能够历尽苦难而传承不绝。我们今天讲"一方有难，八方支援"，正是建立在传统的仁义基础之上。

第二个特性是地大物博的资源基础。我们国家是个大国，拥有

960 多万平方公里的陆地面积。"地大物博"一直是我们国家的重要特性。这一特性，正是我们可以互相帮助的物质基础，而且从古代以来一直如此。司马迁《史记·货殖列传》云：夫山西饶材、竹、谷、纑、旄、玉石；山东多鱼、盐、漆、丝、声色；江南出楠、梓、姜、桂、金、锡、连、丹沙、犀、玳瑁、珠玑、齿革；龙门、碣石北多马、牛、羊、旃裘、筋角。在这段记载中，所谓山西、山东是以崤山为界，江南包括现在整个长江流域，而龙门、碣石以北则相当于河北、山西以北的草原地区。这些地区的物产各不相同，是汉朝商品贸易的基础。引用这段记载的意义是什么？它意味着我们不会出现全国性的严重自然灾难，我们的情况往往是"东方不亮西方亮，黑了南方有北方"。有战略纵深，就有回旋余地。这在古代灾荒史中看得特别清楚。比如隋唐时期，以长安为中心的关中饥荒，天子就要带领百姓往以洛阳为中心的关东跑，这在当时称作"就食"，就食的天子，也会自嘲为"逐粮天子"。而反过来，到了 1942 年河南大灾荒，灾民又纷纷往陕西跑，这在刘震云先生的小说《温故1942》中有非常清晰的描写。元朝以后，中国的经济发展呈现出南强北弱的格局，在这种情况下，塞北雪灾旱灾往往能够指望江南救济，这对草原游牧民族的稳定也至关重要。这些历史经验在今天同样有用。

人有爱心，地有回旋，这本身就是巨大的优势。但是只有这两点还不够，为什么？因为人的爱心需要凝聚，而物的周转需要调配。这凝聚人心与调配资源的工作并非在任何情况下都能有效完成。

事实上，上述两个特性只有加上第三个特性才能让我们真正放心。这**第三个特性就是党的领导和社会主义制度**。党的领导意味着什么？意味着把人民的利益放在首位，意味着领导力，还意味着先锋模范作用。从 1 月下旬开始，我们陆续停课、停产，直到现在还没有完全恢复，这当然意味着经济上的巨大损失。但是，党中央还是决定这样做了，以人民的健康利益为重。1 月 23 日，接近 1 500 万人口的特大城市武汉封城，这是一个难以做出的决定，更是一个难以执行的命令，因为这样的人口数字相当于一个中等国家。但是，中国做到了，这就彰显出我们党坚强的领导力。还有一组令人感慨的数字。根据有关部门的统计，在我们国家的人口中，党员的比重大约为 7%，而截至 2020 年 2 月 7 日，在抗疫期间牺牲的党员人数，占到了总牺牲人数的 65%，这充分证明了共产党员不计个人得失、冲锋在前的先锋模范作用。这次疫情期间，大家一定记住了上海市华山医院的张文宏医生，网民爱称他为"张爸"，就在 2020 年 1 月 29 日，他做出了两个重要决定：第一，每个星期主任至少查房一次，让医生们放心。第二，所有岗位的医生都换成共产党员，让党员发挥模范带头作用。这其实就是我们党一直坚持的"兄弟们跟我上"，而不是"兄弟们给我上"，这样的组织才会有号召力。事实上，我们尊敬的钟南山院士、李兰娟院士都是共产党员，让我们深深遗憾、深深缅怀的李文亮医生也是共产党员。他们践行的，正是党员的先锋模范作用。

社会主义制度意味着什么？意味着集中力量办大事。习近平总书记在统筹推进新冠肺炎疫情防控和经济社会发展工作部署会议上指出："我们举全国之力予以支援，组织 29 个省区市和新疆生产建设兵团、军队等调派330多支医疗队、41 600多名医护人员驰援，迅速开设火神山、雷神山等集中收治医院和方舱医院，千方百计增加床位供给，优先保障武汉和湖北需要的医用物资，并组织19个省份对口支援。"毋庸讳言，世界上有很多国家比我们先进，但是，这样大规模的支援和调度只有在我们的国家才能实现。**正是在党的领导和社会主义制度的保障下，我们民族自古以来的仁爱之心才得以充分释放，我们地大物博的优势才真正发挥出来。**

二、人人尽力

再看第二个话题，人人尽力。我们忧国、知国，最后的目的都是报国。我们中国人是有爱国主义传统的，南宋诗人陆游的《示儿》云："死去元知万事空，但悲不见九州同。王师北定中原日，家祭无忘告乃翁。"忠烈之志，千古传诵。鲁迅先生说："我们从古以来，就有埋头苦干的人，有拼命硬干的人，有为民请命的人，有舍身求法的人……这就是中国的脊梁。"

谁是鲁迅先生所说的"中国的脊梁"？我们在这次疫情中都找到了。先说"埋头苦干的人"吧，我立刻想到了火神山与雷神山的建设者，也想起了那几天在网上云监工的样子。那几天，我们居家抗疫，都成了"咸丰（闲疯）帝"，我们管挖掘机叫小红和小黄，管拔地而起的白色板房叫"白居易"（白住，看病容易），然而我们也都知道，这些机器背后，是千千万万埋头苦干的人，是这些最平凡的建设者，用狂飙的十天十夜，在江城的平地之上建出两所医院，这一次我们叫它"火雷速度"。再看"拼命硬干的人"，我想到了在这次抗疫中英勇殉职的医护人员，因为他们真的拼掉了生命。这里有我们熟悉的李文亮大夫，他爱吃炸鸡腿；有年轻的夏思思大夫，她的小孩只有两岁；有彭银华大夫，他本来打算在正月初八举行婚礼；还有刘智明院长，他的妻子追赶灵车的画面久久震撼着我们的心灵。此外，还有牺牲在岗位上的警察、社工、村支书、志愿者，这些人都拼到了最后一息。谁是"为民请命的人"？我想到了大量的媒体人，他们坚持着发出真实的声音，他们为民喉舌。谁是"舍身求法的人"？我想到了一个名叫肖贤友的患者。他生前没有什么特别的事迹，无官无职，我们知道他，是因为他在病逝之前用颤抖的手写下了歪歪扭扭的十一字遗嘱："我的遗体捐国家，我老婆呢？"非常多的人被他的第一句话感动，我也如此。这些遗体捐献者正是"舍身求法的人"，他们愿意捐出遗体供医生解剖，以求得救治更多病患的方法，这在我们这个传统文化影响浓厚的国家里是不寻常的，因此也是伟大的。但我同样感动于他的第二句话："我老婆呢？"这应该是他临终之前最重的牵挂，他未必发过"执子之手，与子偕老"的誓言，但他仍然是最多情的丈夫，直至最后一刻，他都放不下厮守一生的妻子。这让我想起林觉民烈士的《与妻书》："吾至爱汝，即此爱汝一念，使吾勇于就死也。"正因为爱妻子，希望妻子生活在一个更好的世界，林觉民烈士才在黄花岗起义中一往无前；也同样因为爱妻子，希望妻子能健康地活着，肖贤友先生才愿意把遗体交给国家。

这些人都是最普通的人，如果没有发生新冠肺炎疫情，我们可能永远不知道他们。但是，他们也都是最勇敢的人，都为国家的利益拼尽了全力。唐莎护士长说："哪有什么天使，不过是一群孩子换了一身衣服，学着前辈的样子，治病救人，和死神抢人吧。"**我们知道没有天使，但我们也确实在这场疫情中看到了天使，这些天使，就是我们所说的"人人尽力"中的"人人"。**

分享一段鲁迅先生的话："有一分热，发一分光，就令萤火一般，也可以在黑暗里发一点光，不必等候炬火。此后如竟没有炬火，我便是唯一的光。倘若有了炬火，出了太阳，我们自然心悦诚服的消失。不但毫无不平，而且还要随喜赞美这炬火或太阳；因为他照了人类，连我都在内。"我们中华民族的文明火炬就是这样由一点点的萤火凑起来的，也是这样一代一代传下去的。

同学们也是这人人中的一员。因为我们是大学生，知识和文化的传统在我们手上，这个古老国家的未来也在我们手上。固然，我们此刻安心待在家里就已经是报国，但是，还有一些更值得思考的报国方式。在这里，我想倡导三个报国：专业报国、健康报国和精忠报国。可能很多人会觉得，这三个词语构不成并列。因为精忠的范围广，而健康又不够"高大上"。但我仍然希望能将这三者并列在一起。因为它们对同学们都很重要。

先看专业报国。对于学生来讲，最重要的任务就是学习，学习各自的专业知识和专业技能。在这次抗击疫情的过程中，我们收获了两个偶像。一位叫钟南山，一位叫李兰娟。他们不是俊男靓女，他们能够成为偶像来自他们强大的专业性。钟南山说"人传人"，李兰娟说"要封城"。这是此次抗疫过程中最有分量的两句话，它的分量来自它的专业性。这两句话出自两位老科学家，他们的接力棒终究要传递到同学们手上。《诗经》云："风雨如晦，鸡鸣不已。"在时代的浪潮里，在满天的风雨中，同学们要闻鸡起舞，刻苦学习，只有这样，自身才能立足于青年之林，中华民族才能立足于世界民族之林。

再说健康报国。健康是学习、工作和生活的基础。当年，清华大学的蒋南翔校长说：为祖国健康工作 50 年。直到今天，这句话仍然具有极端重要的意义，特别是在这么多年轻人都居家防疫的日子里。希望同学们能够像钟南山院士那样，放下手机，拿起哑铃，也为祖国工作到 84 岁以上，参与并且见证我们中华民族美好的未来。

最后说精忠报国。精忠不是专业的能力，也不是充沛的精力，而是一种比这些都丰沛、都强大的精神。今天各个高校的青年学生，日后可能不从事专业工作，而是散布在各个岗位上，完成自己丰富多彩的人生。如果同学们去办企业，希望能够讲诚信、精技术，这是实业报国，也是精忠报国；如果同学们去做公务员，希望能够俯下身子办实事，这是服务报国，也是精忠报国；如果同学们去做领导，希望能够深思熟虑谋大事，这是决策报国，还是精忠报国。精忠报国是所有报国的灵魂，它意味着全心全意，意味着生死不移。习近平总书记在统筹推进新冠肺炎疫情防控和经济社会发展工作部署会议上指出："在这场严峻斗争中，各级党组织和广大党员、干部冲锋在前、顽强拼搏，充分发挥了战斗堡垒作用和先锋模范作用。广大医务工作者义无反顾、日夜奋战，展现了救死扶伤、医者仁心的崇高精神。人民解放军指战员闻令而动、敢打硬仗，展现了人民子弟兵忠于党、忠于人民的政治品格。广大人民群众众志成城、守望相助，特别是武汉人民和湖北人民识大体顾大局、自觉配合疫情防控工作，展现了坚忍不拔的顽强斗志。广大公安民警、疾控工作人员、社区工作人员等坚守岗位、日夜值守，广大新闻工作者不畏艰险、深入一线，广大志愿者等真诚奉献、不辞辛劳，为疫情防控作出了重大贡献。"这些人的心头，都镌刻着四个大字——精忠报国。

我们甚至无须解释为什么要精忠报国，因为我们已经前所未有地感觉到，我们和祖国的命运紧密相连。当年，艾青先生写过一首感人肺腑的诗——《我爱这土地》：

> 假如我是一只鸟，
> 我也应该用嘶哑的喉咙歌唱：
> 这被暴风雨所打击着的土地，
> 这永远汹涌着我们的悲愤的河流，
> 这无止息地吹刮着的激怒的风，
> 和那来自林间的无比温柔的黎明……
> ——然后我死了，
> 连羽毛也腐烂在土地里面。
> 为什么我的眼里常含泪水？
> 因为我对这土地爱得深沉……

和艾青先生一样，我爱这土地，我们都爱这土地。这并不是因为她好。她可能被暴风雨击打，她可能充满苦难甚至悲愤，但是，只有这个地方能容我们生养死葬，能和我们魂魄相依。我们终将在这片土地上完成自我，我们也终将在这片土地上养育后人。既然如此，我们有什么理由不爱她、不为她尽力呢？

士不可以不弘毅，任重而道远。勖哉，青年！

（该视频公开课上线时间为 2020 年 3 月 10 日）

| 王炳林 |

教育部高等学校社会科学发展研究中心主任，教授、博士生导师，兼任中华人民共和国国史学会副会长。主要从事党史党建和大学生思想政治理论课等教学和研究，出版《党的历史与党的建设》等著作10多部，发表论文100多篇。

弘扬革命精神，增强必胜信心

◎王炳林

当前的新冠肺炎疫情对国家、对民族、对我们每一个人都是一种磨难。如何看待这种磨难？

习近平总书记在统筹推进新冠肺炎疫情防控和经济社会发展工作部署会议上强调指出："中华民族历史上经历过很多磨难，但从来没有被压垮过，而是愈挫愈勇，不断在磨难中成长、从磨难中奋起。"

中华民族为什么能够从磨难中奋起呢？固然有坚持不懈的奋斗，但其中一个尤为重要的因素，是伟大的民族精神的支撑。愈是在遭受磨难之际，愈能够凸显精神力量的重要。我国的革命、建设和改革之所以取得成功，离不开强大精神力量的推动。

一、伟大精神激励我们取得革命、建设和改革的成功

近代以来，中国人民经历了太多的磨难，付出了太多的牺牲。但是，**英雄的中国人民从来没有在磨难中低头，从来没有在挑战面**

前退缩。困难激发斗志，挑战砥砺精神，伟大精神是催人奋进的强大动力。

（一）在苦难中奋起抗争所孕育的伟大精神，是鼓舞中国人民坚持不懈斗争的精神支柱

第一次世界大战结束以后，巴黎和会召开，中国虽然作为战胜国参加，但在会上提出的取消"二十一条"等要求都被拒绝，会议还决定把德国在山东的权益转让给日本。中国外交遭到失败，引起中国人民极大愤慨。耻辱和苦难境遇激发满腔悲愤，中国人民强烈要求维护国家主权，彻底的不妥协的反帝反封建的爱国运动像火山一样爆发了。伟大的五四运动孕育了爱国、进步、民主、科学的伟大五四精神。这种精神成为激励中国人民探索出路的强大动力。

在五四运动的推动下，一个科学的理论，也就是马克思主义的理论在中国广泛传播。正如毛泽东所说："自从中国人学会了马克思列宁主义以后，中国人在精神上就由被动转入主动。"马克思主义与中国工人运动相结合产生了中国共产党，这是开天辟地的大事件。中国共产党的创建也孕育了伟大的建党精神，即红船精神：开天辟地、敢为人先的首创精神，坚定理想、百折不挠的奋斗精神，立党为公、忠诚为民的奉献精神。中国革命的航船从这里扬帆起航，红船精神成为中国革命精神之源。

（二）在艰难困苦的革命斗争中孕育的伟大精神，是开拓革命新道路、取得革命胜利的强大力量

中国共产党成立后，组织工人运动、农民运动，掀起了大革命的高潮。当时党处在幼年时期，经验也不足，在武装斗争问题上没有掌握主动权，结果国民党反动派叛变革命，共产党人遭到屠杀，这是建党以来最大的一次磨难。面对反动派的残酷屠杀，共产党人没有屈服，没有气馁，而是擦干身上的血迹，掩埋好同伴的尸体，又继续前进，发动了一系列武装起义，开辟了革命的新道路。毛泽东领导的秋收起义，从开始的5 000多人，最后转战的时候还不足1 000人，很多人感觉到前途渺茫，但是毛泽东教育大家，革命一定会成功，只要我们走的路是正确的，后来在三湾地区进行了改编（就是著名的三湾改编），把支部建在连上，充分发挥党组织的战斗堡垒作用，发挥党员的先锋模范作用。井冈山时期，共产党员和红军战士在经济落后、生活艰苦、战斗牺牲的环境中，锤炼了信仰、胆略和气概，磨炼出了坚强的意志，形成了"坚定信念、艰苦奋斗、实事求是、敢闯新路，依靠群众、勇于胜利"的井冈山精神，为中国革命播撒了燎原火种。

红军长征是一场磨难，红军将士经历了人类历史上少有的艰难困苦和牺牲。长征更是辉煌的，书写了人类历史上无与伦比的史诗，铸就了伟大的长征精神——把全国人民和中华民族的根本利益看得高于一切，坚定革命的理想和信念，坚信正义事业必然胜利的精神；为了救国救民，不怕任何艰难险阻，不惜付出一切牺牲的精神；坚持独立自主、实事求是，一切从实际出发的精神；顾全大局、严守纪律、紧密团结的精神；紧紧依靠人民群众，同人民群众生死相依、患难与共、艰苦奋斗的精神。长征精神为中华民族自强不息精神赋予了新的时代内涵。

抗日战争也是中华民族的一场磨难。面对气势汹汹的日本侵略者，中华民族没有屈服。中国人民 14 年抗日战争，取得了近代以来反侵略战争的第一次伟大胜利。中国共产党坚持抗战，历尽艰难，是抗日战争的中流砥柱。中国人民在抗日战争时期形成了包括东北抗联精神在内的抗战精神的核心，就是爱国、奋斗、不怕牺牲。这是中华民族的宝贵精神财富。中国共产党在敌后开辟抗日根据地，也遇到过非常艰难的处境。国民党顽固派的封锁，加上自然灾害，使得我们的粮食缺乏，生活日用品也缺乏。面对困难，毛泽东当年就说过，是解散还是自己等死，没有别的办法，只有自力更生，艰苦奋斗，所以开展了大生产运动，既练兵又搞生产，自己解决自己的生活问题。中国共产党在抗日战争时期形成的延安精神，就是自力更生、艰苦奋斗的创业精神，全心全意为人民服务的精神，理论联系实际、不断开拓创新的精神，实事求是的思想路线。

革命战争年代，中国共产党的革命精神还有很多，包括苏区精神、红岩精神、大别山精神、沂蒙精神、西柏坡精神等等。**中国共产党正是靠伟大精神的支撑，靠艰苦奋斗不断发展壮大起来的。正是这些伟大精神，成为凝聚党心民心、激励全党和全体人民取得革命事业的伟大胜利的重要力量。**

（三）在艰苦奋斗改变贫穷落后面貌的实践中孕育的伟大精神，是新中国取得伟大成就的精神动力

中国共产党带领全国各族人民自力更生、艰苦奋斗，取得了经济社会发展的重大成就，也铸就了一系列伟大精神，谱写了中华民族精神的新篇章。

新中国成立后，面对核大国的讹诈与垄断，为了国家安全，我国老一代科学家和广大研制人员，发扬"热爱祖国、无私奉献，自力更生、艰苦奋斗，大力协同、勇于攀登"的"两弹一星"精神，隐姓埋名，风餐露宿，顽强拼搏，克服了各种难以想象的艰难险阻，突破了一个又一个技术难关，取得了中华民族为之自豪的伟大成就：1964年10月16日，原子弹爆炸成功；1966年10月27日，导弹核试验成功；1967年6月17日，我国第一颗氢弹空爆成功；1970年4月24日，我国第一颗人造地球卫星发射成功。"两弹一星"精神丰富和发展了伟大的中华民族精神，成为我们宝贵的精神财富。

焦裕禄担任兰考县委书记时，面对内涝、风沙、盐碱的肆虐，没有丝毫退却，带领全县人民战天斗地，奋力改变兰考县贫困面貌，铸就了"亲民爱民、艰苦奋斗、科学求实、迎难而上、无私奉献"的焦裕禄精神。焦裕禄精神犹如一座丰碑巍巍矗立。习近平总书记说："我们这一代人都深受焦裕禄精神的影响，是在焦裕禄事迹教育下成长的。我后来无论是上山下乡、上大学、参军入伍，还是做领导工作，焦裕禄同志的形象一直在我心中。"在2019年3月18日学校思想政治理论课教师座谈会上，习近平总书记又讲到焦裕禄的故事。他说，中学时我们的老师给我们讲焦裕禄的故事，曾数度哽咽，讲不下去，震撼了我们全班。焦裕禄精神激励着一代又一代共产党人为了人民的利益而不懈奋斗。

铁人王进喜为改变了我国贫油的面貌，喊出"宁可少活20年，拼命也要拿下大油田"的豪迈誓言。他带领1205钻井队的几十名硬汉，人拉肩扛卸运钻机，盆端桶提运水抢开钻，只用5天零4小时就打完了大庆会战的第一口油井，创造了当时的最高纪录。在打第二口井时，发生了井喷。为了制服井喷，王进喜顾不上腿伤，跳进齐腰深的泥浆池用身体搅拌泥浆。井喷制服了，可他的伤腿已血肉模糊，泥浆把他的手脚烧起了大泡。王进喜和1205队工人们的英雄行为深深地感动了附近的乡亲们。房东赵大娘看到王队长累不垮、压不倒，没白天没黑夜地干，就对住在他家的工人说："大娘活了大半辈子，没见过这么拼命的人，你们王队长可真是个铁人啊！"从此，"王铁人"的名号就叫开了。铁人精神——"为祖国分忧、为民族争气"的爱国主义精神，"宁肯少活20年，拼命也要拿下大油田"的忘我拼搏精神，干事业"有条件要上，没有条件创造条件也要上"的艰苦奋斗精神，"干工作要经得起子孙万代检查"的对工作精益求精的精神，为革命"练一身硬功夫、真本事"的科学求实精神，"不计名利、不计报酬、埋头苦干"的"老黄牛"精神，等等——亦是我们宝贵的精神财富。

在中国，雷锋的名字家喻户晓。雷锋精神是中华民族宝贵的精神财富。习近平总书记指出，雷锋精神的核心是信念的能量、大爱的胸怀、忘我的精神、进取的锐气，这也正是我们民族精神的最好写照。像焦裕禄、像雷锋都是我们民族的脊梁。在艰难困苦的情况下，因有这样一种无私的奉献，有这样一种爱民的情怀，所以他们受到人民的尊重。

在激情燃烧的岁月里，红旗渠精神、北大荒精神等伟大精神都是人民群众艰苦奋斗的生动体现和宝贵财富，一直是鼓舞中国人民战胜困难、勇往直前、不断取得新胜利的巨大精神力量。

（四）在战胜自然灾害中孕育的伟大精神，是增强必胜决心和信心的精神支撑

我国地域辽阔，是一个自然灾害频发的国家。**一部中华民族的历史，就是一部与自然灾害抗争的历史，英雄的中华儿女，没有被灾难压倒，他们以惊人的毅力和坚韧，一次次战胜自然灾害，一次次浴火重生，给我们留下了宝贵的精神财富，积累了宝贵的抗灾经验，也大大增强了我们战胜自然灾害的信心。**

1998 年夏，我国江南、华南大部分地区及北方局部发生了有史以来的特大洪水灾害。当时，江西省九江市防洪墙经受 40 多天高水位浸泡后，在城区以西四公里处发生基础漏水，后来有一段混凝土防洪墙突然陷塌决口，江水涌入郊区。在洪水即将吞噬九江城区的紧要关头，2 万名人民解放军、武警官兵以及广大抗洪干部群众，舍生忘死，浴血奋战，终于成功将决口堵住，创造了人间奇迹。因为这是在世界第三大河流上、在超历史高洪水位情况下堵口，过去从来没有过。1998 年的抗洪斗争形成了伟大的抗洪精神：万众一心、众志成城，不怕困难、顽强拼搏，坚韧不拔、敢于胜利。抗洪精神永远是激励人们战胜困难的强大精神力量。

2008 年 5 月 12 日，四川汶川发生特大地震。面对巨大灾难，在党中央的坚强领导下，全国人民齐心协力抗震救灾，全国各地区各部门和社会各界大力发扬"一方有难，八方支援"的精神，调集大批人力、物力、财力支援灾区。抗震救灾中形成了"万众一心、众志成城，不畏艰险、百折不挠，以人为本、尊重科学"的抗震救灾精神。这是中华民族自强不息伟大精神的又一次生动体现。中华民族历经无数惊涛骇浪，在艰辛磨难中繁衍至今，兴旺发达，得益于自强不息精神。

2003 年，面对"非典"这场突如其来的重大灾害，全国人民团结一心战胜了疫情：共产党员冲锋在前、勇挑重担；从广大医护人员到普通工人、农民、干部、军人、学生，都在各自的岗位上为抗击"非典"守望相助、默默奉献。人民群众团结一致、相互支援，取得了抗击"非典"的全面胜利，形成了"万众一心、众志成城，团结互助、和衷共济，迎难而上、敢于胜利"的抗击"非典"精神。

中国共产党领导全国各族人民之所以能够历经磨难而不衰，饱尝艰辛而不屈，千锤百炼而愈加坚强，靠的就是各族人民的团结奋斗，其中威力无穷的伟大革命精神发挥着极为重要的支撑作用。越是困难的时候，越是要大力弘扬革命精神，增强战胜磨难的决心和信心。

二、伟大精神是战胜新冠肺炎疫情的强大支柱

这次新冠肺炎疫情也是一场磨难。在危难关头，中国人民在中国共产党的坚强领导下齐心协力抗击疫情，谱写了一曲又一曲可歌可泣的革命英雄主义赞歌。坚定信心、迎难而上的担当精神，万众一心、同舟共济的团结精神，义无反顾、顽强拼搏的斗争精神，成为我们战胜疫情的强大精神支柱。

（一）坚定信心、迎难而上的担当精神

信心和勇气是我们战胜困难的力量源泉，愈是困难愈是需要担

当精神。面对突如其来的磨难，更需要坚定必胜的决心和信心，保持战略定力，判断准确、谋划科学，这样才能赢得主动，立于不败之地。如果患得患失，决策上摇摆不定，就会导致失败。疫情发生后，以习近平同志为核心的党中央审时度势、综合研判，及时提出坚定信心、同舟共济、科学防治、精准施策的总要求，以迎难而上的英雄气概、敢于胜利的豪迈气魄，明确了坚决遏制疫情蔓延势头、坚决打赢疫情防控阻击战的总目标，迅速打响了疫情防控的人民战争、总体战、阻击战。迎难而上需要坚定的决心，指挥若定，精准施策。党中央加强对疫情防控工作的统一领导、统一指挥、统一行动，各地各部门各司其职、协调联动，紧急行动、全力奋战。党中央果断决策，要求湖北省对人员外流实施全面严格管控。在超千万人口的城市实行"封城"管理，这在人类历史上是从未有过的，没有巨大的政治勇气和坚强的决心，没有强烈的担当精神，不可能做出这样的决断。实践证明，这一决策完全正确，为防控疫情赢得了主动。做好经济社会发展工作是战胜疫情的重要保障。疫情必然会对经济社会发展带来冲击，越是在这个时候，越要用全面、辩证、长远的眼光看待我国发展，越要增强信心、坚定信心。党中央及时做出科学判断，我国经济长期向好的基本面没有改变，强调统筹推进疫情防控和经济社会发展工作，对于战胜疫情、保持社会稳定发挥了关键作用。疫情发生后，习近平总书记多次与世界卫生组织总干事和多个国家领导人通话或会见，本着公开、透明、负责的态度及时向国内外发布疫情信息，积极回应各方关切，表达中国共产党和中国人民战胜疫情的必胜信念和坚定信心，表达加强与国际社会合作，共同维护好地区和全球公共安全，实现合作共赢的良好愿望，充分展现了中国作为负责任大国的形象，体现了中国共产党人胸怀天下的使命和担当。

（二）万众一心、同舟共济的团结精神

在抗击疫情的斗争中，一方有难，八方支援，形成强大向心力和凝聚力。武汉乃至整个湖北形势严峻，急需医务人员，我们举全国之力予以支援，组织 29 个省区市和新疆生产建设兵团、军队等调派 330 多支医疗队、4 万多名医护人员驰援，迅速建成集中收治医院和方舱医院，千方百计增加床位供给。抗击疫情急需医疗及相关物资，国家成立联防联控机制，迅速采取积极措施，支持医用防护服、口罩等疫情防控急需医疗物资的生产企业迅速复工达产、多种方式扩大产能和增加产量，对重要物资实行国家统一调度，优先保障武汉和湖北需要的医用物资，并组织 19 个省份对口支援。国家财政和地方政府在短时间内为疫区投放了数百亿元、千亿元资金。坚持全国一盘棋，各地区相继启动重大突发公共卫生事件 I 级响应机制，构建联防联控、群防群控防控体系，全国形成了全面动员、全面部署、全面加强疫情防控工作的局面。社会各界和港澳台同胞、海外侨胞纷纷捐款捐物，展现了血浓于水的深厚情怀。团结就是力量。在这场没有硝烟的战役中，中国人民各尽所能地参与到疫情防控工作中去。

（三）义无反顾、顽强拼搏的斗争精神

舍生取义是中华民族的优秀品德，自强不息是中华民族拼搏精神的生动写照。特殊的战斗需要特殊的战士，生死搏斗必然涌现英雄。在这次抗击疫情中所体现的义无反顾、顽强拼搏的斗争精神，

赋予中华民族精神新的时代内涵。在疫情严峻之时，共产党员挺身而出，坚定站在疫情防控第一线——"这里危险，让我来。"这是共产党员朴实而坚定的选择。哪里有艰险，哪里就有共产党人的奉献。哪里任务险重，哪里就有党组织坚强有力的工作。很多群众在党员模范作用带动下，递交了入党申请书；有的治疗队在疫区组织了新党员入党宣誓仪式。广大医护人员舍小家顾大家，义无反顾、驰援湖北。很多人放弃了除夕与家人团聚的机会，主动请缨投入战斗。他们不辞辛劳，日夜奋战，护理、治疗、抢救，全力以赴投入与病毒抗争、与时间争夺生命的赛跑中，平凡中彰显伟大，顽强拼搏的事迹数不胜数，可歌可泣，充分展现了救死扶伤、医者仁心的崇高品格。有的医务工作者不幸被病毒感染，甚至献出了宝贵的生命；有些被感染的医务工作者治愈后又重返抗击疫情的战场。科研工作者综合多学科力量开展科研攻关，仅用一周时间就完成了病毒的分离工作。人民子弟兵闻令而动、敢打硬仗，展现了忠于党、忠于人民的政治品格。专家学者主动做好心理疏导，引导全社会关心关爱确诊人员、隔离人员和病人家属。城市社区广泛动员，群防群控，广大公安民警、疾控工作人员、社区工作人员等坚守岗位、日夜值守，广大新闻工作者不畏艰险、深入一线，广大志愿者真诚奉献、不辞辛劳。每个社会成员都是抗击疫情链条上的一环，各界群众都在各自的岗位上为抗击疫情守望相助、真诚奉献。抗击疫情所展现的不屈不挠、舍己救人的人间大爱、拯救生命的坚定从容、忠于职守的高度责任、共克时艰的勠力同心等，都是义无反顾、顽强拼搏斗争精神的生动体现。

历经磨难而信念愈坚，饱尝艰辛而斗志更强。伟大的抗击疫情

精神是宝贵的精神财富，是战胜疫情的强大精神支柱。

三、弘扬伟大精神，夺取新的胜利

伟大斗争孕育伟大精神，伟大精神激励人们去奋斗，去夺取新的胜利，并赋予伟大精神新的时代内涵。在实践中形成的伟大精神有深厚的理论渊源，弘扬伟大精神需要强化理论武装。弘扬精神要有实践主体，必须坚持人民群众的主体地位，加强党的全面领导。

（一）坚持科学理论的指引

无论是革命、建设和改革进程中形成的伟大精神，还是这次的抗击疫情的伟大精神，都贯穿有一条红线——崇高的理想和坚定的信念。理想信念来自理论认知。中国共产党人的理想信念来自对马克思主义理论的笃信和运用。无数共产党人挺身而出、英勇奋斗，靠的就是这种坚定的理想信念。理想信念是革命精神的政治灵魂。马克思主义揭示了自然界和人类社会的发展规律。人类社会是在矛盾运动当中发展的，社会的基本矛盾推动了社会的发展，人类社会必然从低级向高级发展，而不是循环论和终结论，所以我们坚信马克思主义历史唯物主义。坚持唯物论就要坚持一切从实际出发，就要相信科学理论的指引，而不能够相信那些唯心主义的奇谈怪论，更不能迷信，越是在艰难时期，我们越要从科学的理论出发，不信谣，不传谣，相信科学。世界还有很多未知的东西，需要我们去探索。但是这种科学探索还没有解释的时候，不能形成宿命论和悲观论的论点，我们要相信依靠科学的力量。也就是说，弘扬革命精神必须深入学习马克思主义基本理论，深入学习习近平新时代中国特色社会主义思想，把理想信念建立在对科学理论的理性认同上，这样才能更加自觉地认同和弘扬革命精神。

在历史的长河中，中国人民创造了博大精深的优秀传统文化，蕴含着丰富的哲学思想、人文精神、价值理念和道德规范，为中华民族发展壮大提供了精神支持，也为解决当代人类面临的问题提供了重要启示。中华民族自强不息、家国情怀、仁爱之心等优秀基因代代传承，潜移默化，在我们中华民族的血液当中流淌，滋养着人们。虽然有的人没读过书，但是有文化的熏陶，要爱国，要奉献，仁者爱人。一般人都知道"天下兴亡，匹夫有责"。中国人讲修身齐家治国平天下，讲"为天地立心，为生民立命，为万世开天平"。这些都是优秀的文化传统，激励着人民去精忠报国，为了这个社会、为了天下的太平而奋斗。在中华民族的优秀传统文化当中，还有一个重要的观念叫天人合一——人与自然要和谐共生，这种观念对我们今天爱护自然、保护自然也有非常重要的启发意义。我们与自然是一个共同体，我们必须尊重自然、爱护自然、顺应自然，不要去破坏自然，更不要去滥捕、滥食野生动物。虽然新冠病毒的来源还在探讨之中，但是有一点，不去非法地交易野生动物，不去滥杀、滥食野生动物是非常重要的。在尊重自然方面，恩格斯说："我们不要过分陶醉于我们人类对自然界的胜利。对于每一次这样的胜利，自然界都对我们进行报复。"爱护自然，顺应自然，自然对人类的回馈是慷慨的；不尊重自然，破坏自然，自然对人类的报复是无形的。这是不可抗拒的历史规律，所以我们要尊重自然，爱护自然，建设生态文明。中华优秀传统文化是革命精神形成的深厚理论渊源。弘扬革命精神必须结合新的时代条件传承和弘扬中华优秀传统文化。

当今世界联系紧密，是命运共同体。弘扬伟大精神也要用开放的心胸迎接八面来风，用宽广的眼光观察世界，要吸收借鉴人类社会一切优秀的成果，要进行国际合作。我们强调独立自主，但独立自主不是闭关锁国，当今世界面临着百年未有之大变局，世界很复杂，挑战也很多，越是挑战我们越要迎难而上，不能惧怕。习近平总书记说，没有哪个国家能够独自应对人类面临的各种挑战，也没有哪个国家能够退回到自我封闭的孤岛，所以我们必须加强国际的合作，用开放的心态来接待这个世界，必由之路就是和平、发展、合作、共赢。

（二）为了群众，依靠群众

物质财富、精神财富、社会发展都是人民群众奋斗的结果。中国共产党坚持以人民为中心，始终把人民利益摆在至高无上的地位。为了人民、依靠人民，革命精神才能形成、发展和弘扬。在这次抗击疫情的斗争中，在党中央的坚强领导下，全国人民万众一心，同舟共济，都在各自的岗位上为抗击疫情做出自己的贡献。正是人民这样一种团结的力量，默默地奉献，才取得了抗击疫情的一个个胜利。我们说困难时期，很多志愿者都是活雷锋，很多医务工作者都是白求恩。他们也是很平凡的人，但是在这样一种困难的情况下，需要英雄的时候，他们就成为英雄了，这就是群众的力量。我们任何时候都要依靠群众，相信群众。党和政府把人民群众的生命安全放在首位，把提高收治率和治愈率、降低感染率和病亡率作为突出任务来抓。医务人员是战胜疫情的中坚力量，党和政府高度重视，及时出台了一系列保护、关心和保障的政策措施。受疫情影响，部分群众基本生活面临一些困难，党和政府及时调整政策，出台措施，切实保障基本民生，得到广大群众的拥护和支持。群众路线是党的生命线和根本工作路线。让伟大精神在实践中发挥更大作用，必须反对一切官僚主义和形式主义，充分调动人民积极性，始终同人民想在一起、干在一起，依靠人民夺取得伟大斗争的胜利。

（三）坚持党的领导

人民群众作用的发挥需要组织领导。没有强大组织的凝聚力、没有坚强的领导核心，群众力量难以形成战斗力。孙中山曾感叹，中国虽四万万之众，实等于一盘散沙，民众对国事毫不关心，国家民族观念相当薄弱，只知有自己不知有国家，不能团结。中国历史上曾出现一盘散沙状况的根本原因就是没有领导群众的坚强组织。中国共产党能够凝聚起实现中华民族伟大复兴的磅礴力量，成为团结最广大人民共同奋斗的核心力量，原因在于：中国共产党以马克思主义观点分析和解决问题，能够提出革命纲领，指明前进方向；中国共产党全心全意为人民服务，能够真正解决人民群众的根本利益问题；中国共产党历来高度重视民主制度建设，保障人民群众当家作主的权利；中国共产党相信群众是真正的英雄，坚决地发动并依靠人民群众，从而使党的事业获得了不断前进的力量源泉；中国共产党善于自我净化、自我完善，永葆先进性和纯洁性，能够坚持真理、修正错误，不断加强和改进党的政治、思想、组织、作风、纪律和制度等方面的建设，不断提高执政能力和拒腐防变能力。**党政军民学，东西南北中，党是领导一切的。只有坚持中国共产党的领导，才能凝聚起磅礴的力量，把精神力量转化为物质力量，使伟大的抗击疫情精神成为推动中华民族伟大复兴的强大动力。**

（该视频公开课上线时间为 2020 年 3 月 11 日）

| 陆　林 |

    中国科学院院士，医学博士，博士生导师，北京大学第六医院院长，北京大学精神卫生研究所所长，国家精神心理疾病临床医学研究中心主任，中国疾病预防控制中心精神卫生中心主任，长期从事精神心理疾病的临床治疗和发病机制研究。

新冠肺炎疫情下大学生心理健康的促进方法

◎陆　林

2020年伊始，一场流行病几乎蔓延了整个中国，扰乱了人们的正常生活，中国人民经历了一个前所未有的超长假期，学校停课、工厂停工，整个社会像按下了暂停键。新冠肺炎疫情下，大学生群体可能会遇到各种各样的问题，居家隔离、学校开学时间不断推迟、"停课不停学"、毕业生就业压力，这些问题易导致各种各样心理和情绪问题。心理健康是健康不可或缺的一部分，是我们进行正常学习、工作和生活的基础。**重视心理健康，了解疫情期间可能出现的情绪问题，学习掌握基本的调适方法，对于我们大学生保持健康的心理和身体，以及未来人生的发展是至关重要的。**

一、新冠肺炎疫情下大学生心理健康状况

世界卫生组织将健康定义为"不仅为疾病或羸弱之消除，而且系体格、精神与社会之完全健康状态"。其中，精神健康，即心理健康是指心理的各个方面及活动过程均处于良好或正常的状态，能够展现自己的能力，应付正常的生活压力，有成效地从事工

作，并对社会做出贡献。针对大学生，心理健康的标准包括能对学习保持较浓厚的兴趣和求知欲望，能保持正确的自我意识接纳自我，能调节与控制情绪并保持良好的心境，能保持完整统一的人格品质，能保持和谐的人际关系并乐于交往，具有良好的环境适应能力。然而，严峻的新冠肺炎疫情改变了我们的日常生活方式，不可避免会造成心理应激反应，从而产生各种心理和生理方面的变化。

（一）新冠肺炎疫情下大学生可能遇到的问题

1.生活问题

随着新冠肺炎疫情的发展，各种真假难辨的疫情信息充斥网络，甚至夸大风险、渲染疫情，更加剧了恐慌的蔓延。大学生是受互联网信息影响最大的群体。许多"情绪易感"的学生，在看了疫情报道后精神高度紧张，时刻担心自己被感染，将身体的任何不适都与新冠肺炎的症状相联系；还有一部分学生对负面疫情信息过度关注，每天惶惶不安，在社交媒体上反复搜索、查看疫情新闻，甚至其他事情都做不下去，影响了正常的生活。每天浏览与疫情有关的信息不要超过一个小时，学会从官方渠道学习新冠肺炎相关知识，接受客观事实，正确认识疫情对人类的影响，有助于我们缓解焦虑，减少疫情对生活的影响。

2.学习问题

为阻击新冠肺炎疫情，全国几乎所有高校延期开学，采取"停课不停学"方案，积极开展网络课堂、视频课堂。然而，线上教学的方式不同于传统课堂学习，缺乏老师同学之间的互动，有的学生可能会出现适应不良和焦虑。居家学习的环境也比课堂嘈杂，学生常常难以集中注意力，无法全身心投入学习，导致学习效率低下。此外，因网络教学缺乏老师实时监督，有的学生不听讲，肆无忌惮地玩电子设备。针对线上课堂的特殊性，我们可以允许自己适应一段时间，渐渐习惯这种学习方式，也可以利用记笔记、完成课上课后习题等方式来提高学习的效率，减少疫情对学业造成的影响。

从事实验研究的大学生因疫情无法按时返校继续开展实验、收集实验数据，甚至部分毕业生可能无法按时提交论文，陷入无法顺利毕业的困境。对于这部分毕业生，应及时关注学校的通知，提前为复学做好准备，必要时寻求学校和老师的帮助。

3. 就业问题

毕业生们除了有按时毕业的压力，同时还可能会遇到就业的问题。受疫情的影响，大部分高校研究生招生面试，国家机关、事业单位和企业的招聘，基层服务项目招募等的时间都推迟了，有的企业甚至减少招聘名额，有些国家暂停发放境外中国学生签证，导致今年毕业生就业、求学困难程度大大增加，面临的压力也比以往毕业生更大。所以，毕业生们一定要关注今年就业、求学、工作信息，有针对性地提前做好预案，尽量减少疫情对学习、工作和生活的影响。

（二）新冠肺炎疫情下大学生易出现的心理问题

新冠肺炎疫情，对于和平年代的每一个人来说，都是一个巨大的应激事件。在得知新冠病毒可以"人传人"，尤其是无症状感染者也具有传染性时，人们普遍感到恐慌、担忧、焦虑，担心自己和家人的健康难以保障。随着疫情在全国的快速蔓延，"停课"的大学生们甚至可能会出现焦虑、失眠等各种生理及心理应激反应。同时，为阻断新冠病毒的传播路径，全国各地采取了限制出行、居家隔离、医学隔离等一系列举措，这些措施一定程度上也会对大学生的心理造成影响。

在新冠肺炎疫情这一重大的应激事件下，大学生常见的情绪反应包括以下几种：

1. 焦虑、多疑

焦虑是人们在面对应激事件时最常出现的情绪反应，是面对预期将要发生危险或不良后果时产生的紧张、恐惧、担心等情绪状态。随着疫情的日益严峻以及政府、媒体的大力宣传，大部分大学生都已认识到形势的严峻性，但是由于新冠肺炎具有潜伏期长和无症状携带等特征，初期感染者很难被分辨出来，所以一些学生担心无意间的接触会被传染，因此而出现焦虑、多疑情绪，特别关注自己身体的各种变化，将其与新冠肺炎联系起来。还有部分学生可能过分关注疫情进展消息，每天不停地反复查看与疫情相关的内容，从而进一步加重了紧张、焦虑的情绪。

2. 惶恐、害怕

惶恐是一种遇到灾难时内心感到害怕不安的情绪反应。遇到灾难性事件时，我们有些害怕情绪是正常的，有助于我们采取一些防护的或回避的措施来保证我们的安全。但如果过分地恐慌、害怕，可能就会有问题。由于对疾病本身具有恐慌情绪，部分学生可能会出现"不敢按电梯、触摸门把手""反复洗手、消毒""不出门，更不敢去医院""感觉谁都像病毒携带者"等行为及想法。还有些学生可能会对一些谣言深信不疑，过度抢购囤积消毒液、口罩、食品、药品等。

3.愤怒、暴躁

随着疫情隔离措施的不断升级，网络上充斥着各种信息，社交媒体上满是"戾气"的文字，直指哄抬口罩及消毒液价格、隐瞒病情导致病毒扩散的人员等。大学生思想尚未完全成熟，在面对一条条无法分辨真伪的信息时，很可能被网络上的暴力和谣言信息所影响，或者被一些不怀好意者利用而成为网络暴力及谣言的实施及散布者。有的学生在压力下变得极度敏感，因一点小事就急躁、发脾气，甚至出现冲动行为等。在此期间，大学生与父母相处的时间显著增加，有些父母可能对孩子要求过于严格，而年轻的大学生们却认为父母的想法陈旧，对自己的要求不合理，容易产生矛盾，甚至针锋相对，发生争吵的行为。

4.抑郁、悲伤

突然从正常生活进入医院或隔离状态，有些大学生对这种变化一时难以接受，表现出情绪低落、消极悲观等情绪。看着每天不断增加的确诊及死亡人数时忍不住心痛、哭泣。当疫情影响到自己的学习和家庭时，还会感到绝望无助。由于新冠肺炎的确诊需要实验室检查及临床观察一段时间，有些处在隔离状态，尤其是从武汉高校返乡的大学生，可能整日忧心忡忡，既希望能尽快被排除感染回归正常生活，又担心自己被确诊连累亲人，害怕面对现实，可能会出现情绪低落，甚至悲伤、绝望，对一切似乎都失去了兴趣，也难以感受到愉悦，以及伴有疲劳、失眠、食欲减退等躯体不适感。

5. 孤独、寂寞

为防止交叉感染导致疫情扩散，许多地区都实行了隔离和限制出行措施。以往的春节，大学生大多回到家乡走亲访友，而这次长时间的隔离，使我们与亲人、朋友的沟通和交流减少，容易产生孤独、寂寞的感受。还有部分学生，由于疫情可能导致自己孤身一人在异乡隔离，春节也无法与亲人或朋友团聚，在外十分孤独、寂寞。

6. 自卑、自责

由于新冠肺炎潜伏期较长，不易被察觉，有些大学生因担心自己有把病毒传染给亲朋好友的风险，而感到内疚自责；有些大学生可能会将感染了新冠病毒归结为自己的某些错误；有些学生认为感染了新冠病毒是非常丢人的事，认为别人会指责自己，使得他们不敢也不愿意主动、公开就医。对此，大学生应树立正确的认识，新冠肺炎是由病毒引起的流行病，男性、女性、老年人、年轻人、婴幼儿都有被感染的风险，跟我们自身的想法、跟我们某些工作上的失误没有直接关系，所以需要实事求是、科学地应对新冠肺炎疫情对我们的影响。

7. 盲目乐观

面对严峻的疫情形势，党和政府在不遗余力地保障人民群众的生命健康和正常生活不受影响。作为个人，面对疫情适度的乐观是必要的。但是，部分学生抱有"疫情很遥远，不会有危险""我抵抗力强，不可能感染"的错误想法，产生盲目乐观情绪，放松警惕，不做好防护，不戴口罩，不经常洗手，或者旅行、聚餐、到人多的地方，增加了自身感染和人群传播的风险。

值得注意的是，这些负面情绪的出现大部分是正常的，我们不必过度担心，学会觉察自身情绪的变化，接纳自己的负性情绪，认识到随着疫情的结束这些困扰会慢慢消退，这样有助于我们保持心理的健康。但是，如果情绪状况持续恶化，如伴有严重的失眠、焦虑、抑郁或躯体症状等，需要及时向专业的精神科医生或心理治疗师寻求帮助。

（三）新冠肺炎疫情下常见的心理疾病

1.急性应激障碍

急性应激障碍是指个体遭受突然发生且异乎寻常的严重生活事件（如传染病暴发）时所出现的一过性精神障碍，常在遭遇刺激后数分钟至数小时内起病，历时短暂，病程可持续几天到一个月。经历重大应激性事件后，急性应激障碍患者常常会有社会交往活动减少、回避与重大应激性事件有关的场景和事物等行为，如新冠肺炎确诊患者隔离治疗期间拒绝与亲朋好友通话等。此外，少数个体还可能出现激越性活动过多，如逃跑、神游等。经及时治疗，预后良好，精神症状可完全消失。

2.适应性障碍

疫情期间，很多人的生活方式和节奏发生了巨大的转变，大家足不出户，有些学生成年后第一次与父母长时间相处，需要远离老师和同学独自在家学习，有些人员在家进行远程学习办公，等等。如果个体不能适应新冠肺炎疫情所带来的明显生活变化和环境变化，则易发生适应性障碍。适应性障碍是指个体在明显的生活改变或环境变化时所产生的短期和轻度的烦恼状态和情绪失调。与急性应激障碍相比，适应性障碍的起病较缓，一般在应激性事件发生后1～3个月内发病，病程较长，但应激源的强度较弱。

3. 创伤后应激障碍

有些人在这场防疫战中被病毒折磨或失去了至亲，这将对他们的心理产生巨大的创伤。少数亲历者因自身承受和应付能力不足，在此过程中可能会出现创伤后应激障碍。创伤后应激障碍是个体遭遇严重应激性事件后出现的延迟性反应，常在遭遇应激性事件后不久开始或在经过一段时间后（一般不超过6个月）出现。创伤后应激障碍患者会不自主、反复地回忆与应激性事件有关的情境或者内容，有的甚至有再次身临应激性事件发生现场的感觉和体验，还表现出持续的焦虑、情绪不稳和注意力难以集中等警觉性增高症状，部分可能会出现睡眠障碍，如入睡困难、睡眠浅、夜间噩梦增多等。创伤后应激障碍病程持续时间要显著长于急性应激障碍，有些患者可能持续多年，预后较急性应激障碍差。

作为现代社会高知识、高能力的代表，大学生们不仅要了解自身精神心理的变化，还要积极地帮助同学、家人、朋友减少疫情对我们心理的损害。在新冠肺炎疫情下，我们的国家、社会、学校给大家提供了充分的物质保障，而心理防护更多的是需要我们了解心理学知识，减少心理上的困扰，必要的时候也可以寻找学校的辅导员、心理咨询医生，或者是专业的医生来帮助解决心理问题。

二、常用的心理评估和干预方法

疫情时期，我们可以使用一些心理评估的方法来确定是不是有心理上的问题。心理评估的主要目的是通过生物、心理、社会学的方法，及时了解个体的心理状况，判断其是否具有或存在潜在的心理健康问题，从而便于早期预防和干预。新冠肺炎疫情下，一些大学生即使出现心理问题也并不会非常严重，但是我们一定要早发现、早干预，如果不能够及时发现并进行有效的干预，甚至忽视，就有可能变成长期的心理问题，对今后的工作、学习、生活造成负面影响。

观察法、交谈法和心理测量法均是我们在家中便能轻松进行的评估方法。但需要注意的是，自我评估的结果只能作为参考，可以根据自身情况观察或填写一些自评版本的心理评估工具，并按照评分标准计算得分，如果得分超过了划界分，并且症状已经严重影响到了正常的工作、学习和生活，建议及时寻求专业医生的诊断。

（一）观察法

观察法是指通过直接观察个体的行为表现以及心理活动的外部表现来评估个体的心理状态。结合目前疫情防控的特殊性，通常采用自然观察法，即在自然情境（个体的日常生活习惯）中进行观察。如果我们是自己一个人居家隔离，便只能通过自我观察来初步判断自己是否已经出现或有潜在的情绪问题，如果与家人同住，可通过他人观察来发现。一旦发现自己或家人出现了情绪或行为的异常，比如，相比往常更易怒，时常乱发脾气，走来走去无法安心做一件事，相较于平时饭量显著增加或减少，常常自己待在房间里发呆，一言不发，等等，一定要引起重视，可通过后文提到的心理测评量表进行初筛，亦可直接电话咨询专业的心理卫生人员。

（二）交谈法

交谈法一般是通过面对面的谈话方式来进行的。在疫情时期，与专业心理咨询人员进行面对面谈话很难实现，因此可通过电话访谈、连线专业心理咨询人员的方式进行，与家人同住的隔离者也可以与家人多沟通、多交谈。当感到自己与以往不同时，可以拨打心理健康服务热线，向专业人员咨询自己的情况，并根据是否已出现心理问题和严重程度寻求后续帮助。

（三）心理测量法

对个体的心理现象或行为进行量化测定，是心理评估常用的标准化手段之一，其结果较客观、科学。为了解自己的心理健康和情绪状况，我们可有针对性地应用一些心理测评量表，例如世界卫生组织心理健康自评问卷（SRQ-20）、焦虑自评量表（SAS）、抑郁自评量表（SDS）、睡眠状况自评量表（SRSS）等来评估自己的心理状况。这些心理测评量表在一些专业机构的网站均可以获取。

三、新冠肺炎疫情下保持心理健康的手段

（一）正确认识新冠肺炎

要相信以我国现有的医疗条件，加之经历过"非典"的考验，有党和各级政府的坚强领导，在人民群众强有力的配合下，战胜疫情只是时间问题。我们要从官方渠道学习关于新冠肺炎的知识，接受客观事实，正确认识疫情对人类的影响，科学防范疾病。一方面，我们要做好科学的自我防护，尽量做到万不得已不出门，把交叉感染的概率降到最低。另一方面，了解疫情下产生的正常情绪反应，避免过度关注疫情相关信息，对获得的信息进行筛选，不要轻信网上的一些谣言，以免造成过度的担心和不必要的恐慌。每天定时、适当地浏览新冠肺炎相关信息更有助于保持良好的心态。

（二）科学认识应激情绪反应

面对不期而至的新冠肺炎疫情，每个人都可能会出现情绪反应，需要认识到这是一种正常的防御反应，一旦发现自己有不良情绪后要正视它、接纳它，并允许它的存在，学会与不良情绪共处。发自内心地关爱自己、关爱他人，这会帮助我们放下焦虑，更多地沉浸在美好的情绪中。

（三）充分利用时间提升自己

作为当代青年大学生，我们应充分利用居家隔离的时间，通过互联网平台等学习途径充实自己，提升自己获取知识的能力，避免

虚度宝贵的时间。培养自我控制能力，认真地对待每一次的网络课堂、每一次的讨论、每一次的交流、每一次学习新知识的机会，让自己保持一定的竞争力，以免在疫情之后无法跟上学业进度，对学业和就业造成不良影响。同时，在隔离期间可以充分培养自己的兴趣爱好，做一个有情趣的人，让生活更加丰富、有意义。

（四）规律作息，健康睡眠

居家隔离期间尽量保持作息规律，于夜间 11 点左右定时休息，早晨 7 点左右起床，每天保持 7 ～ 8 个小时的睡眠时间。要养成良好的睡眠习惯，避免就寝前的过度刺激，入睡前一小时及以上停止活跃的脑力劳动，入睡前进行放松训练。无论前一晚睡了多久，尽可能在固定的时间起床。

（五）合理的饮食和运动

均衡的饮食和适量的运动有助于保持人体免疫力，也可以缓解负性情绪，保持心理健康状态。三餐定时定量，每天保证优质蛋白质和新鲜水果蔬菜的摄入，肉蛋鱼等熟透后食用，尽量避免过多地进食油炸、辛辣食品，每日进行约 30 分钟的室内有氧锻炼，有助于我们提高抵抗疾病风险的能力，也有助于我们保持良好的学习状态，让自己以最好的状态应对疫情。

（六）合理宣泄不良情绪

个体在应对压力时产生不良情绪反应是正常现象，不要刻意地去压抑它，遇到问题时可向亲友或同伴倾诉，可允许自己大哭一场以缓解压力，也可通过体育锻炼等方式宣泄；合理利用听音乐、画画等健康娱乐方式，转移自己的注意力，避免过度关注不良情绪反应。

（七）提升自身心理健康素养

疫情期间，精神心理工作者们编写发布了许多免费的与疫情相关的心理健康知识读本，我们可以充分利用居家隔离的宝贵时间，了解相关心理健康知识，提升心理健康素养，提高我们的心理抵抗力，以更好地应对压力。

（八）科学的自我心理调适

掌握科学的自我心理调适方法，学习认知调整、放松练习、心理稳定化等科学的心理调适技术，积极进行自我调节，可以帮助我们稳定情绪，维持良好的心理状态。疫情隔离期间，学习"蝴蝶拍"、安全岛技术、保险箱技术、遥控器技术、正念放松等自我心理调节技术并加以练习，也可以显著改善我们的情绪及睡眠状况。

放松训练是指通过不断地练习平缓呼吸法、肌肉放松法等来缓解不良情绪。呼吸放松训练是指摒去一切外界嘈杂，让自己以一种放松舒服的方式躺在床上，闭上眼睛，把注意力集中在呼吸上。刚开始进行呼吸练习时，注意力往往不能集中在呼吸上，经常游移，可通过不断的练习以更好地掌握呼吸训练手段。北京大学第六医院等一些精神心理专业机构也向社会提供了免费的放松训练教程，如有需要可以获取。

（九）寻求专业心理救助

当自己的情绪状况持续恶化，严重影响到生活时，应及时寻求专业帮助。为了更好地应对由此次疫情引发的情绪反应，应国家卫健委《新型冠状病毒感染的肺炎疫情紧急心理危机干预指导原则》和《关于设立应对疫情心理援助热线的通知》的要求，疫情期间各地精神心理专业机构均开展了网络在线咨询和心理援助热线服务，组织专家针对新冠肺炎疫情引起的心理问题进行救助。视情况需要，也可以到精神专科医院现场就诊。

四、新冠肺炎疫情下的睡眠问题

在人的一生中，有三分之一的时间都是在睡眠中度过的。睡眠是一种在正常生命过程中自然发生的并与清醒状态不断交替的精神状态，它与我们的心理和生理功能密切相关，是维持人体健康不可或缺的关键环节。疫情下，我们大学生在面对外界压力和应激事件时，最可能先出现的睡眠问题就是急性失眠。

急性失眠的症状表现为入睡困难、早醒、频繁醒来、眠浅多梦以及白天精力不足、困倦等。这些症状可能是正常的应激反应，多数在事件过后可恢复正常，因而需要正确看待和面对，学会接受，不必对此过度担忧。但是，如果在急性失眠出现后，不能进行正确应对，加之在疫情期间作息及生活习惯的改变，容易产生一些错误的睡眠观念和行为习惯，则易发展为慢性失眠，甚至可能引发抑郁症、焦虑症等精神疾病。

（一）疫情下睡眠问题的危害

睡眠是消除机体疲劳的主要形式，睡眠同时还是机体整合、巩固记忆的重要环节。在日常生活中保证良好的睡眠，能够增强记忆力，提高学习效果。出现睡眠问题会导致记忆力、注意力下降，工作、学习效率降低。

睡眠在免疫系统中发挥着独特的作用，有利于维持人体的健康、抵御外来病原微生物对人体的侵害。睡眠不足会使人体的免疫力下降，导致机体抵御外界病毒的能力显著降低，增加患病的风险。

睡眠也同样在调控情绪、保护心理健康方面发挥着重要作用。睡眠能够使大脑的情绪控制区获得充分的休息，因此良好的睡眠能保证我们有一个好的情绪。睡眠不足或睡眠质量差会加重疫情带来的负性情绪反应，还可能使得我们易被激惹，冲动性增加，烟、酒等滥用的风险升高，引发家庭矛盾、影响生活质量，严重的还会有自杀风险。

（二）自我睡眠状况评估

睡眠质量是衡量生活质量的重要指标，疫情隔离期间，睡眠状况的自我评估对于个人睡眠健康尤为重要，尽早识别及发现睡眠问题才能做到早干预、早治疗。那么怎样才算是健康的睡眠呢？首先，入睡较快，一般不超过30分钟。其次，有充足的睡眠时间。对于我们大学生，每天保证7～8个小时的睡眠，并且睡得较沉，睡眠过程中不会频繁醒来，不被多梦困扰，第二天醒来后感到解乏、精神饱满，没有嗜睡、乏力等现象。结合疫情期间居家隔离的特点，我们也可以采取量表的方式自我评估失眠的严重程度，较常用的是匹兹堡睡眠指数量表（PSQI）和失眠严重程度指数量表（ISI），记录睡眠日记也能够帮助我们了解自己的基本睡眠情况。

（三）睡眠调节方法

1.规律作息

只在有睡意的时候上床睡觉，建立卧室/床与睡眠的强有力联系，不要躺在床上看电视、玩手机，如果睡不着就起来，去另一个房间；白天可以休息，但不要躺下或打瞌睡。保持相对固定的睡觉时间和起床时间，晨起后尽量避免日间小睡（包括午睡）。

2.适量饮食和运动

白天适量有氧运动可增加夜间的睡眠驱动力，如散步、快走、慢跑；每天白天运动时间应在半小时以上，晚上8点之后应避免过量运动。下午3点之后尽量不要喝含有咖啡因的饮料（如咖啡、浓茶等），睡前不宜吃得过饱，尽量不要喝酒。

3.改善睡眠环境

卧室温度以20～23℃为宜，睡前尽量拉好窗帘，减少光线和噪声对睡眠的影响。

4.睡前进行放松训练

做一些可以让自己放松的事情，如冲个热水澡、听轻松缓和的音乐、看纸质图书等，也可以进行渐进性肌肉松弛训练以及冥想等来帮助自己改善睡眠质量。

五、新冠肺炎疫情下的网络成瘾问题

在居家隔离和焦虑情绪的双重影响下，大学生的网络（手机、电子产品）成瘾风险极大增加。对疫情的担心和焦虑，使得有些大学生手机不离手，反复不停地查看疫情的进展和相关信息；学校延迟开学，社会活动减少，有些大学生整日无所事事，沉迷网络；还有人过度浏览手机或电子产品上的信息，甚至是通宵达旦玩游戏以期缓解焦虑情绪。

根据《中国青少年健康教育核心信息及释义（2018 版）》，网络成瘾是指在无成瘾物质作用下对互联网使用冲动的失控行为，表现为过度使用互联网后导致较明显的学业、职业和社会功能的损伤。网络成瘾主要包括网络游戏成瘾、网络关系成瘾、网络色情成瘾、信息收集成瘾、网络购物成瘾等，其中网络游戏成瘾最为常见。网络成瘾对我们的工作和生活造成很大的影响，在世界卫生组织最新的《国际疾病分类（第 11 版）》中，已将严重的网络游戏成瘾列为一种疾病，急需引起我们大学生的重视。

（一）新冠肺炎疫情下网络成瘾问题的危害

网络成瘾会造成各种各样的问题，对我们自身、家庭和社会都会造成巨大的危害。无节制地使用网络、玩游戏会使我们的睡眠无规律和自主神经紊乱，影响身心健康。长期的网络成瘾还会增加其他躯体疾病的发病风险，比如糖尿病、肥胖、心血管疾病等。有些学生通宵玩游戏，增加了猝死的风险。

网络成瘾不仅会影响我们的身体，还会给我们的精神心理带来很大的危害，严重者甚至共病其他精神障碍。长期沉迷网络可能会使我们性格发生改变，人变得固执、偏激，甚至出现严重的焦虑、抑郁、睡眠问题，所以我们一定要采取一些适当的干预措施限制网络游戏对我们年轻人的负面影响。

网络成瘾也会对家庭、社会和国家造成巨大的危害。青少年非理性地购买游戏装备和打赏游戏主播给一些家庭带来了沉重的经济负担。此外，网络虚拟世界充斥着大量的暴力内容，沉迷于网络暴力游戏会增加青少年的攻击性思维、情感和行为。过度地沉溺于网络中的虚拟角色，容易迷失真实的自我，导致与现实社会脱离。

（二）网络成瘾的评估方法

参照《国际疾病分类（第11版）》中游戏障碍的诊断标准，如果较长时间存在以下表现，则需要特别注意：持续或反复的游戏行为模式；无法控制游戏行为的发生、频率、持续时间、终止时间等；相比其他兴趣及日常活动，游戏行为成为生活优先事项；尽管游戏造成负面后果（如人际关系破裂、职业或学业受影响、健康损害等）仍然无法停止；游戏行为模式导致明显的个人、家庭、人际关系、学业、职业或其他重要功能领域损伤。

（三）网络成瘾的干预方法

如今网络成瘾问题日益严峻，尤其在疫情期间网络使用增多，家长、社会和政府有关部门应该携手，共同解决青少年网络成瘾的问题，保障其身心的健康发展。首先，相关部门和互联网信息提供者须营造一个健康、良好的网络环境，媒体和父母帮助其正确了解和认识网络的利与弊，将注意力从网络虚拟世界转向真实世界。

对于我们大学生来说，需要严格限制单次上网时间，特别是游戏使用的时间，保持规律和健康的生活方式，保证充足的休息和睡觉时间。疫情期间，增加与父母、老师、朋友之间的沟通交流，也可以采取有氧运动，比如说跑步、体操、打球、听音乐、读书等其他的方式疏解我们的情绪，有效减缓疫情期间网络成瘾对我们生活的影响。如果情况严重的，建议寻求在线的专业心理咨询。我们现在有包括行为认知疗法、动机激励访谈、家庭治疗等一系列社会心理疗法来对网络成瘾进行干预。

（该视频公开课上线时间为 2020 年 3 月 12 日）

| 李 玲 |

　　北京大学国家发展研究院教授、博士生导师，中国健康发展研究中心主任，兼任中国卫生经济学会副会长、国务院医改专家咨询委员，主要研究领域包括卫生经济学、公共财政和经济增长。近年来一直积极研究中国医疗卫生体制改革。

历史视角下的中国抗疫之路

◎李　玲

　　突如其来的新冠肺炎疫情来势汹汹，几乎蔓延整个中国，其传播速度之快、感染范围之广、防控难度之大，世所罕见。面对这样一个重大突发公共卫生事件，我们每个人都感同身受，都在密切地关注疫情的进展。在此，我们以历史的视角来梳理一下中国的抗疫之路。

一、新中国独创了高效、低成本的医疗卫生模式

　　新中国刚成立的时候，中国的人均预期寿命，也就是平均寿命只有35岁，90%以上的人都是文盲。中国人那个时候被世界称为"东亚病夫"。

　　2019年是中华人民共和国成立70周年。70年来我们的经济社会高速发展，经济总量稳居世界第二。其实更值得我们骄傲的是，我们的人均预期寿命从35岁增长到77岁，我们的人口从5.4亿增长到14亿，中国人独创了一条从"东亚病夫"到健康中国的道路

（见表 7-1）。

表 7-1　我国人均预期寿命

年 份	人均预期寿命（岁）
1949	35
1978	66
2003	72.4
2009	74.1
2018	77.0

数据来源：国家卫健委 2018 年公报。

　　图 7-1 是 1900—2018 年中国、美国和印度人均预期寿命增长
的示意图。与同为发展中国家的印度相比，中国人均预期寿命增长
优势显著；与美国相比，我们也毫不逊色，大有后来居上之势。我
们知道，1949 年美国已经是世界强国了，人均预期寿命是 68 岁，
但是 70 年以后，中国的人均预期寿命是 77 岁，美国是 78.5 岁，只

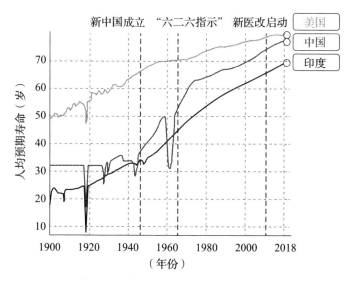

图 7-1　中国人均预期寿命不断上升

比我们高 1.5 岁，但美国为此投入巨大，它将 GDP 总值的 18% 用在医疗卫生上，人均医疗费用高达 11 500 美元。

美国投资巨大，但收效有限。我们都知道，美国一年因病毒性流感而死亡的人数就过万。此次抗击新冠肺炎疫情，美国医疗体系也是应接不暇。

可以说，我们在健康领域里取得的成绩举世瞩目，新中国创造了健康发展的奇迹。今天中国的北上广一线城市，人均预期寿命超过了美国和英国的水平，而婴儿死亡率也远低于它们的，中国利用较少的经济资源实现了发达国家的健康效率水平，这些是非常值得我们骄傲的（见表 7-2）。

表 7-2　2018 年我国主要一线城市与部分发达国家健康绩效对比

	人均预期寿命（岁）	婴儿死亡率（‰）	人均 GDP（美元）
北京	82.2	2.0	19 789
上海	83.6	3.5	19 055
广州	82.3	2.6	22 254*
美国	78.5	5.8	62 518
英国	81.4	3.9	42 506

*广州市人均 GDP 根据广东省统计局广州市 2018 年地区生产总值 / 当年常住人口数测算。

数据来源：国家统计局、各地卫健委公报和北京市统计公报。

以上这些成就是怎么取得的？我们有必要来回顾一下。

（一）动员起来，减少疾病，提高人民健康水平

1949 年开国大典之前，人民革命军事委员会召集的全国卫生行

政会议确定了全国的卫生工作方针，要点是：面向工农兵，预防为主，团结中西医，卫生工作与群众运动相结合。这是中国人独创的新型的医疗卫生制度。面向工农兵就是面向绝大多数人；预防为主是我们中国文化的精髓，上医治国，中医治人，下医才治病，减少疾病才是硬道理；团结中西医，就是利用一切可以利用的资源；另外就是卫生工作同群众运动相结合。

中国共产党领导中国人民之所以能够取得革命的胜利，是因为党具有强大的动员组织人民群众的能力，使广大农民成为革命的主力军。新中国成立以后，面对传染病肆虐、人民缺医少药的严峻挑战，我们把在革命战争年代动员组织人民群众的有效方式运用到卫生领域，使卫生工作与群众运动相结合，一切为了人民的健康，成效显著。我们的卫生方针是将我们的制度优势转化为老百姓的健康福利的一个非常好的创举。

面向工农兵，决定了我们的医疗卫生工作是为绝大多数人服务的。预防为主，就是要减少疾病，提高人民的健康水平。中西医结合，就是运用系统论的思想方法。中医是中国文化的重要组成部分，在这次抗击新冠肺炎疫情的过程中，中医发挥了非常好的作用。中医是我们在漫长的农耕文明实践中提炼出来的，它强调天人合一、系统、整体，即通过系统综合的调理，扶正祛邪，增强抵抗力，以此来抗击病毒，所以不管是什么类型的病毒，中医是以不变来应万变的。而西医是西方工业文明产生以后的产物，它确实极大地推动了人类健康事业的发展，但是发展到今天，它的弊端也越来越凸显，比如在和细菌、病毒的抗争中，它需要用先进的仪器发现细菌和病毒，然后再来研究针对它们的治疗药物和疫苗。

众所周知，细菌和病毒在地球上的历史比人类要长得多，生命力极其顽强。我们通过科学实验找到对抗它们的方法，但是它们很快就又变异了，需要继续寻找应对之法。这也是美国医疗费用节节高升的重要原因。美国的制药和医学技术都是世界最先进的，但是现在对很多的疾病还是无能为力，包括这一次的新冠肺炎，目前没有效的治疗药品。中医的道，中国的理念，中国治病的整体观、系统观，与西方的技术相结合治疗新冠肺炎患者效果是最好的，这是我们独特的经验。在整个抗疫斗争中，我们一以贯之地在应用我们的方法来与新冠病毒做斗争。

世界卫生组织的专家大为赞赏中国式抗疫，非常认可中国的做法，认为中国防疫成功的经验值得世界学习。治疗用药、检测方式等都是边干边学，边干边完善。例如，我们的新冠肺炎诊疗方案，从第一版到现在的第七版，一直在不断地完善。我们能够直面问题，发现问题，解决问题。没有药，没有疫苗，那我们有什么就用什么，该怎样调整就怎样调整，该怎样适应就怎样适应，该怎么去拯救生命就怎么去拯救生命，一切为了人民的健康。只要能够治病、只要有效，我们就去试，在试的过程中不断地完善，不断地进步。这就是中国在抗疫斗争中行之有效的方法。

（二）爱国卫生运动

中华人民共和国成立初期，朝鲜战争爆发，为抗美援朝、保家卫国，中国人民志愿军开赴朝鲜战场。美国军队当时是武装到牙齿的现代化军队，而我们则是连武器都不够用，双方实力相去甚远，美国除了原子弹没用什么都用了，包括细菌武器。

为此，毛泽东发出号召：动员起来，讲究卫生，减少疾病，提高健康水平，粉碎敌人的细菌战争。随后，国家成立了防疫委员会（后改称爱国卫生运动委员会），中国特色的爱国卫生运动轰轰烈烈地开展起来。当时号召全民动员起来讲究卫生，除四害，为什么？跟我们今天抗击新冠肺炎疫情一样，抗击传染病最好的方法，第一是控制传染源，第二是隔断传播途径。那时候的中国，户户动员，人人动手，城市依托单位来组织，农村依托集体来动员，形成防疫、抗疫的大网，充分发挥中医药的作用，最终打赢了防疫战。

从"东亚病夫"变成站起来的中国人，变成健康的中国人，那个时候不是靠高科技的投入，而是靠人民战争。卫生工作与群众运动相结合，取得了非常好的结果。像当时肆虐的天花、鼠疫、黑热病、血吸虫病，还有疟疾等疾病，基本上都控制住了。在这个过程中，我们建立了三级预防保健网，比如说城市的单位里有卫生室，大点的单位有医院，然后有区一级的医院，还有市一级的医院，这就是三级预防保健网。农村有村、镇、县三级预防保健网，它的标配就是每一个县有一所人民医院，有中医院，有妇幼保健院，还有一个防疫站，医防融合。

（三）消灭血吸虫病

血吸虫病在中国流行数千年，俗称大肚子病，是威胁人民健康的传染性疾病。血吸虫寄生在钉螺内，遇到入水的人畜，可在十几秒钟钻入皮肤，并在体内发育成成虫，危害肝、脾等。新中国成立初期，全国有 1 100 多万血吸虫病人，其中江西的余江县，从 1919 年到 1949 年就有近 3 万人死于血吸虫病，血吸虫病在中国非常严重。

1953 年，最高人民法院的院长致信毛泽东报告了中国血吸虫病的情况，毛泽东批示：血吸虫病危害甚大，必须着重防治。1955 年，在杭州召开政治局扩大会议时毛泽东指出：血吸虫病是危害人民健康的最大的疾病，它关系到我们民族的生存繁衍，关系到生产的发展和新农村的建设，关系到青年能不能参军报国，我们应该认识到问题的严重性，并向全国发出号召，"一定要消灭血吸虫病"。

从此，全国上下就开始消灭血吸虫病。血吸虫病的防控难度非常大，一个是因为得病的人多，再一个是当时没有有效的药物来治疗。当时卫生部门认为消灭血吸虫病的工作重点应该在正规的医院。很快，党中央便意识到仅仅靠卫生部门的专业人员，很容易就回到传统的治疗手段上，不能实现在短期内消灭血吸虫病的目的。所以中央成立了防治血吸虫病领导小组，直接领导全国的工作。地方上都是党政干部一把手来抓此项工作，建立了比较好的治理体系和治理框架，全党动员，全民动员，消灭血吸虫病。充分听取专家意见，充分尊重群众的创新，互相交流沟通，探索实验，最后发现什么治疗效果好就用什么，就像我们此次抗击新冠肺炎疫情一样。

血吸虫病的寄主是钉螺，传播是通过人畜的粪便，从原理上来说，消灭血吸虫病有三个途径：第一个是消灭钉螺，病毒就没有寄生之处了；第二个是科学处理粪便，就隔断了病毒传播的途径；第三个就是人和畜不要去接触疫水和钉螺密集的地区，也就无从感染血吸虫病。三个控制途径相比较，消灭钉螺最容易见效。当时老百姓想出了很多办法挖钉螺、灭钉螺。那个时候小学生都被发动起来，捡起钉螺来埋掉。基层尝试了各种方法后，发现效率最高的就是"开新沟填旧沟"，因为钉螺都在老的沟里面，把它填掉就把钉螺填埋了，钉螺就灭掉了。

这个举措正好和我们国家的水利建设连在了一起，农村过去主要靠天吃饭，在消灭血吸虫病的过程中，开新沟也促进了农村的水利建设。消灭钉螺的人民战争很快就取得了非常好的成效，1958年，江西省余江县的钉螺全部被消灭。在这样的力度下，到1958年底的时候，全国血吸虫病人从新中国成立前近 1 200 万人下降到不到 84 万人了。血吸虫病的防治成功，就是将群众运动和卫生工作相结合的一个典范，水利、农业、卫生等多部门联合，专家和群众沟通，使我们用较低的成本获得了较好的收益。

1958 年的 6 月 30 日，《人民日报》发表长篇报道——《第一面红旗》，报道江西省余江县从根本上消灭血吸虫病的经过。毛泽东读到这一篇报道后，浮想联翩，夜不能寐，于是写下《七律二首·送瘟神》：

其一
绿水青山枉自多，华佗无奈小虫何！
千村薜荔人遗矢，万户萧疏鬼唱歌。
坐地日行八万里，巡天遥看一千河。

牛郎欲问瘟神事，一样悲欢逐逝波。

其二

春风杨柳万千条，六亿神州尽舜尧。

红雨随心翻作浪，青山着意化为桥。

天连五岭银锄落，地动三河铁臂摇。

借问瘟君欲何往，纸船明烛照天烧。

当年我们动员组织人民，靠人工挖沟消灭钉螺，把千年来国际上都没有解决的问题，用最原始的方法解决了。而今天抗击新冠肺炎疫情，我们用的是同样的方法：动员组织人民，联防联控。

爱国卫生运动取得了巨大的成效，危害人民健康的传染病都得到了有效的防治，像天花、鼠疫、霍乱这些烈性传染病基本上灭绝，而且爱国卫生运动移风易俗，改造了中国，一个新的中国、一个健康的中国出现在世人的面前。

爱国卫生运动是我们为人类社会提供的中国方案。一个发展中国家，一个贫穷落后的国家，不靠高精尖的技术，不单纯靠治疗，通过自己的力量有效地控制了传染病的传播，灭绝了这些传染病，有效地改善了人民的健康状况。爱国卫生运动符合中国国情，符合医疗卫生工作的规律，以预防为主，用较低的成本减少了疾病，节约了得病以后所需要的大量医疗支出，同时又动员组织了民众，加强了社会组织建设，通过社会治理取得了奇迹。

2017 年，世界卫生组织向中国政府颁发"社会健康治理杰出典范奖"，以纪念中国爱国卫生运动 65 周年，表彰爱国卫生这个中国独创的治理方式所取得的辉煌成就。

（四）农村合作医疗和赤脚医生

中国的农村合作医疗和赤脚医生制度是我们中国人创造的，两者是一体的，国际上只要一提赤脚医生，所有人都知道这是中国原创的。国际上现在把"赤脚"这个概念扩展到所有的领域，有赤脚艺术家、赤脚工程师、赤脚科学家等，比如乔布斯、比尔·盖茨他们都是赤脚工程师。"赤脚"代表创新，打破常规。

新中国成立以后，绝大部分人口是农民，农村缺医少药，毛泽东在 1965 年 6 月 26 日发出指示：把医疗卫生工作的重点放到农村去。但是，无论是中国还是国际上都有同样的问题，受了非常好的医学教育的人才是很难到基层去的。我们怎么解决呢？湖北当阳一个叫覃祥官的回乡知识青年创造了"赤脚医生"。他其实就是农民，依托当时合作社和集体经济，拿的是和农民一样的工分，看病的主要手段是一把草药、几根银针，就是传统中医的方法，价廉物美有效，深受农民欢迎。

其实赤脚医生就是今天所谓的"家庭医生"，只是这个家庭是一个集体。所以赤脚医生这个模式，是我们中国为世界做出的贡献，解决了怎么让广大的农民群众能够有养得起、用得上、留得住的本土医生的问题。最近奋战在抗击新冠肺炎疫情一线的李兰娟院士当年就是一位赤脚医生。今天农村很多的乡村医生还是当年的赤脚医生，赤脚医生解决了农民几千年缺医少药的难题，他们是真正在中国的土壤里生长出来的、全心全意为农民服务的医生。

二、最早走向世界的中国道路是中国的医疗卫生道路

（一）国际会议打破惯例，中国经验在全世界传播

1976 年 9 月，覃祥官和卫生部部长一起去菲律宾，参加沿太平洋地区 33 国卫生部长会议，会议的主题报告是覃祥官介绍中国的合作医疗及赤脚医生制度。他讲完以后，全场起立鼓掌。本来下午是另外的议程，各国卫生部长一致要求改为"咨询会"，于是大会临时改变议程，各国部长下午继续向覃祥官学习"赤脚医生"，发生在国际会议上的这一幕是罕见的！各国卫生部长之所以对赤脚医生如此有兴趣，是因为大部分发展中国家都存在着缺医少药、解决不了为基层百姓提供医疗的问题。合作医疗和赤脚医生制度被世界卫生组织称为发展中国家改善人民健康的典范。

菲律宾总统马科斯夫人伊梅尔达当天找到覃祥官，邀请他留下来，帮他们在菲律宾推行赤脚医生的做法。覃祥官婉言谢绝了，他说中国的赤脚医生制度，第一是依靠集体经济，第二是依靠社会主义制度。要减少疾病，提高人民健康水平，医院不能只为了挣钱，菲律宾不具备这些条件，所以没有办法推广赤脚医生的做法。

大家想一想，那是 20 世纪 70 年代，最早走向世界的中国道路是中国的医疗卫生，就是用中国的办法、中国的制度，创新了防控传染病的方式，给全体人民提供基本医疗保障，提高人民健康水平。

世界卫生组织和世界银行总结了中国卫生工作的三大法宝：三级预防保健网、赤脚医生和农村合作医疗。 今天全球最前沿

的卫生领域所倡导的将健康融入所有的政策，其实学的就是中国经验。一切为了人民的健康，这是我们给世界提供的中国方案。

（二）对比印度和中国在健康领域的绩效

2018 年一部电影《我不是药神》在中国引起了巨大反响，同时也推动了我国医疗改革的发展。很多人应该都看过这个电影，记忆深刻的就是印度的仿制药很厉害，但是大家知不知道，印度仿制药的老师是中国，起源于 70 年代印度来中国学习医疗卫生经验。印度和中国是两个人口大国。印度 1948 年独立，新中国是 1949 年 10 月成立。在 1949 年的时候，两个国家的人均预期寿命和人均 GDP 水平相差无几。但是到 1978 年，中国的人均预期寿命到了 66 岁，印度近 53 岁。所以印度那个时候就来中国学习，为什么中国老百姓能够看得起病，吃得上药？

第一，中国自己培养自己的医生。我们办了各种类型的医学院校和护理院校，对赤脚医生进行培训，培养自己的医学人才，让他们为老百姓服务。而印度当年的人才都是送到欧美国家去培养，代价高，这些人回来只会在大城市、大医院工作，老百姓根本就得不到合适的医疗保障，所以印度学会了中国的做法，并办了各种各样的医学技术学校。在当今国际经济格局里，印度做得比较好的领域是软件、制药和金融，其实都是从中国取的"真经"，办自己的学校，培养出来人才。

第二，自己造药。1949 年以后，我们面对的是一个被封锁的外部环境，只有自己造药，大规模地仿制青霉素等常用药，当时青霉素一分钱一支，去医院看病挂号费五分钱，拿药几毛钱，谁都看得起病，这就是我们能够给老百姓提供保障的原因。所以印度回去以后就以国家的力量推动仿制药生产，用法律鼓励仿制，保护仿制工艺知识产权，所以几十年以后，印度的仿制药生产达到了全世界第一的水平。

（三）健康促进经济发展

中国是一个拥有很强制造能力的大国，独立自主地实现了工业化。这一次抗击疫情，也使每个人都感受到了中国强大的制造能力。大家都宅在家里，水、电、气、通信、交通和生活物资应有尽有。为什么中国能做到这一步呢？新中国成立以后，独创了中国的医疗卫生制度和教育制度。实施改革开放政策的时候，我们是一个发展中国家，有着大量的、健康的、受过教育的人力资源，这是中国经济发展的秘密武器，也是我们未来发展的不懈的动力。

中国的发展走出了一条跟世界上所有其他国家都不同的路。发达国家，例如英、美、德、法等国走的是一条先工业化、经济发展以后再发展社会建设、医疗、教育等，先经济发展，再社会进步。1949 年新中国成立，是建立在社会革命的基础上，我们通过制度的优势，推动社会发展，普及教育和医疗，以优质人力资本促进经济发展，社会发展与经济发展良性互动。

所以，社会革命先于经济建设，社会建设促进经济建设，这是中国在革命和建设过程中，在改革开放以及新时代中的新路，或者说是中国人创造的中国特色强国之路。

（四）新时代，新挑战，新机遇

新中国成立 70 年的历史是一部发展的历史，其实也是与各种各样的疾病尤其是传染性疾病抗争的历史。

2003 年暴发的"非典"是中国在 21 世纪面临的一次严峻挑战。党和政府带领全国人民全力抗击"非典"，一个星期就建成小汤山传染病医院，联防联控，打响人民战争，抗击"非典"的方法和现在很像，效果非常好。"非典"以后，党和政府推动国家向科学发展、以人为本、和谐社会的方向发展，从单纯的以经济建设为中心，到经济社会全面发展。"非典"还推动了中国医疗改革的进程。

近年来公共卫生危机不断，比如甲肝、H1N1 流感、禽流感、手足口病、鼠疫等。社会现代化程度越高，人的聚集程度也越高，病毒、细菌等引起的各种难以防范的疾病更容易规模性暴发，相信这一次新冠肺炎疫情也不是最后一次。

新冠肺炎疫情的发生十分突然，不少人发出质疑，为什么我们没有能更早地实施防控呢？对于这个问题，我们应该更加科学公正地来看待和认识。新冠病毒是一种崭新的病毒，而且是一种非常狡猾的病毒，与新冠病毒的抗争比对抗"非典"病毒还要难，因为"非典"症状非常明确。而现在什么症状都没有的人亦可能是新冠病毒的传播者，同时新冠病毒还在不断变异之中。

应对这一次疫情，中国还是有巨大的进步的。我们在非常短的时间内就分离出新冠病毒毒株，并分析出病毒全基因组序列，同时也第一时间就向世界卫生组织分享了研究成果。

依托雄厚的物质基础和强大的综合国力，中国人民万众一心，众志成城，整合人民战争的传统方法与现代化的科技防控手段（如网上在线诊断、远程会诊、5G 平台和健康码等）来抗击疫情。全国一盘棋，统筹资源的调拨，4 万多名医护人员驰援武汉，中西医并重，免费治疗、医护人员补助、金融、财税等国家各种政策纷纷出台，想尽一切办法拯救生命，一切为了人民的健康！世界卫生组织专家称赞中国式抗疫取得巨大成效，改变了传染病发病的曲线，把暴发性传染的势头给控制住了。我们的全民抗疫是非常有效果的，我们应该为中国抗疫的成效感到骄傲。

（该视频公开课上线时间为 2020 年 3 月 13 日）

| 王　文 |

　　中国人民大学重阳金融研究院执行院长、丝路学院副院长，教授、博士生导师，兼任国务院参事室金融研究中心研究员、中国金融学会绿色金融专业委员会秘书长等，"中国新闻奖"获得者。独著、合著、译著、编著作品30余部，代表作有《强国长征路：百国调研归来看中华复兴与世界未来》等。

从新冠肺炎疫情蔓延看人类命运共同体的构建

◎王　文

一、中国人躲过了一场浩劫，年轻人须有人类关怀

从地缘角度看，当前的新冠肺炎疫情发生了三个重大的结构性变化。

第一个变化是，湖北以外，绝大多数省市自治区都是新增"零"死亡病例，多个省市自治区多日都是确诊病例"零增长"。有几个省已经给出复课复学时间表。可见，中国抗疫正在迎来胜利的曙光。

这是一个抗击病毒的奇迹。针对新冠肺炎疫情，张文宏医生曾说过，如果当初不采取措施，仅上海就可能有80万人感染。还有人曾估测，如果不及时遏制住，中国甚至有可能出现2.8亿人感染、1 400万人死亡的局面。这不是危言耸听。

新冠病毒的传染性十分强。传染学中用"R0"（基本传染数）来衡量病毒的传染性强弱。不同的病毒，R0值越高，说明其传染能力越强，疫情越严重，控制难度越大。当 R0>1 时，意味着一个病毒感染者会传染超过一个人，病毒呈扩散态势。1918 年"西班牙流感"R0 为 2～3，最终造成 2 500 万～4 000 万人死亡，而当时全世界人口才 17 亿。这次新冠肺炎疫情刚开始时，学术界计算 R0 为 2.0～4.9，基本上与当年"西班牙流感"传染性相同。当前数据连降的出现，意味着中国人暂时躲过了一场百年一遇的浩劫。

在这个过程中，广大医务工作者，媒体人员，教育、组织、政法等各个岗位上的工作人员都为此做出了巨大的贡献。其间，应对疫情而创立的一套指挥、统筹、推进、执行、见效等流程与机制，对人类未来的发展来说是非常值得总结的。

第二个变化是，从 2 月 26 日起，世界其他各国的新增确诊新冠肺炎病例开始超过中国新增确诊病例。不只是咱们常讲的韩国、意大利、伊朗、日本、法国、美国等"重灾区"，非洲、拉丁美洲、大洋洲都出现新增病例。很明显，抗疫正在从中国国内的"人民战争"演变为全球范围的"世界大战"。

新冠病毒对全人类命运产生了巨大的威胁。世界卫生组织 2 月 28 日宣布，将新冠肺炎疫情全球风险级别由此前的"高"上调为"非常高"。世界卫生组织认为新冠肺炎已有全球流行病的特征。

传染病的危害，过去许多时候被人们忽视。事实上，传染病一点都不亚于核武器对人类的危害，甚至超过核武器。比尔·盖茨曾说，有什么东西在未来几十年里可以杀掉上千万人甚至更多，不是战争、不是导弹，而是传染病毒。

令人遗憾的是，人们在回顾历史时，往往会聚焦战争或政治，常常忽视传染病引起的人类的死亡。远的像 600 多年前 "黑死病" 夺去欧洲三分之一人口的性命。我的同事曾整理出一个文件《20 世纪，你不知情的十种重大传染疾病》，其中举了以下几个例子：

1917—1921 年，俄国斑疹伤寒，250 万人死亡。

1974 年，印度天花，死亡 3 万人。

20 世纪 80 年代，甲型流感，世界死亡人数据说达 4 000 万。

2013 年，全球 62 万人死于疟疾。

2018 年非洲 11 国大规模发生霍乱，死亡超过 5 000 人。

当今世界唯一的超级大国美国也不能幸免，2019 年 9 月暴发的大规模流感，有 2 200 万人感染，死亡超过 1.2 万人。而现在美国的新冠肺炎疫情，正呈扩大之势。

现在令人担心的是，面对疫情的全球扩散，各国的防控传染病 "战争" 反击能力、动员能力没有中国那么强，情况会越来越糟糕。

如果这是一场大战的话，从 2 月底开始，世界分为两个战场：一个在中国，攻城略地，正在紧紧地锁住病毒这个 "敌人"，而另一个战场在中国之外。一切为防控开路，许多国家当前还做不到，只能且战且退，且退且守。这里有国家战略与全民理念的差异。相比之下，中国人的集体观念明显要强很多。

第三个变化是，从 2 月 26 日起，中国不断出现境外输入病例。全世界继续 "沦陷"，中国不可能安宁，境外疫情 "倒灌" 中国的风险在加剧。

面对疫情在多国扩散，不少国家采取了限制疫情国人员入境的
"一封了之"措施。但中国出入境人口多、对外交往多，应对措施
肯定无法简单化，更不可能像美国某些政客或精英那样。近日我在
《环球时报》英文版发表了一篇评论《如果美国大规模暴发疫情》，
文中说：

中国舆论中绝不会有官员或某位社会精英公开讲，"美国疫情暴
发会有利于中国制造持续强盛"，"美国是疾病孵化器"，"新冠病毒
是华盛顿某个实验室的生化武器"，"美国是真正的美洲病夫"，"希
望美国共和党人统统染上新冠病毒"，"脆弱的美国"，更不会有中国
人在街上遇到美国人时会打骂、羞辱。很遗憾，在中国疫情大规模暴
发时，以上那些话与事在美国都发生了。

在对疫情所体现的同理心上，美国某些政客或精英的表现太差
了。当美国政府在推行"美国优先"的政策时，中国政府已将认识提
升到"人类命运共同体"的高度了。在这一点上，我们比美国更文
明、更先进。

《2020 年初，世界发生了多少灾难》指出，2020 年以来，世界
灾难不断：

澳大利亚森林大火，烧了好几个月，其间还有洪灾、冰雹、沙
尘暴等自然灾害发生。1 月，秘鲁暴发"登革热"、波兰发生禽流
感、菲律宾火山喷发、加拿大罕见暴风雪、西班牙发生特大风暴、
巴西惊现神秘病毒、加勒比海发生 7.7 级地震。2 月，东非蝗灾，沙
特、越南发生禽流感，刚果（金）埃博拉病毒再次出现。

…………

在此，我不由得想起中国科幻大片《流浪地球》里的台词："最初，没有人在意这场灾难，这不过是一场山火、一次旱灾、一个物种的灭绝、一座城市的消失。直到这场灾难和每个人息息相关。"

现在，疫情当前，年轻的朋友们、同学们，不妨静下心来，想一想这个地球，想一想人类的未来。

坦白地说，我们的年轻人过去的视野整体上还不够宽广，现在，疫情或许让我们可以有全球视角下的人文关怀、人类关怀、世界关怀了。从这个角度看，习近平总书记几年前提出、中国政府一直在推动构建的"人类命运共同体"理念，是非常值得我们去深度琢磨的。

二、各国处在"负"时代，中国人须保持正能量

正如我前面所讲的，2020年2月下旬以来，新冠肺炎疫情在中国得到了有效控制，而全球各国的形势却严峻起来，全球拉响了警报。2月最后一周，美股暴跌，市场恐慌指数飙升。韩国、伊朗、意大利的疫情几乎失控。曾有人比较，按每万人受感染率来说，这三个国家3月初的受感染率已与中国差不多，甚至超过中国了。自3月初开始，欧洲封城，美国也紧张起来，全球爆发地缘政治危机的可能性陡增。

不少国际舆论认为，这场新冠肺炎疫情是2020年从未料到的"黑天鹅"。其实，全球公共卫生危机早已有之，此次疫情更像是走

向各国的"灰犀牛"。但中国很早就盯着它，重视它，尽全力打败它，而很多其他国家并没有这么做。

2020年，21世纪第三个十年的开端，到底会发生什么？

就当前疫情的国际蔓延来说，其对全球局势的影响可能会有三种情况。

最严重的情况：全球大危机。如果疫情因各国防疫失控而造成全球蔓延，且长期得不到控制，那么，有可能会导致全球化倒退、产业链崩溃的全球大危机。目前，韩国、伊朗、意大利、日本等国的确诊病例一直在增加，美国的实际情况更糟糕。若国际形势进一步失控，不排除越来越多国家关闭本国边境，限制彼此往来航班与人员往来，使彼此互联互通的国际社会变得像原子那样各自独立，国与国之间相互切割，最终通过上百年发展形成的全球产业链、价值链退回到20世纪初期。这种评估看似危言耸听，但中国须未雨绸缪，要有最坏的心理准备。

较糟糕的情况：区域性危机。如果疫情全球蔓延的程度有限，仅冲击亚洲、欧洲与美洲的部分区域，那么，只是部分国家的经济社会发展受到重创，全球经济2020年平均增长率仅是退回到2008年国际金融危机之前。东亚一体化进程受挫，中美局部脱钩，各国民粹主义上升。目前看来，这种可能性发生的概率凸显。

稍乐观的情况：中短期风险。如果疫苗开发成功，各国积极行动，国际协作出现，疫情在中国、东亚地区和全球层面都能够得到有力管控，在4月份能基本平息。目前中国的复工复产进展比较顺利。如果持续下去，其他国家疫情防控进展顺利，那么，疫情对全球化、全球治理架构、全球产业链与价值链产生的仅仅是短期负面影响，对中国经济，尤其是第一、二季度的表现产生较大负面冲击，而在 2020 年下半年，各国经济会产生"报复性"反弹。那么，总体上看，这只是一场中短期的国际风险。

不过，中国人一向是乐观的。十多年前，曾有调查数据显示，94% 的中国人相信"明天会更好"，远远超过了当时的日本（45%）、新加坡（66%）。疫情让中国人 2020 年春节过得很不开心，没有聚会，出行受阻，"新年"的味道似乎都没有了。这令一向乐观的中国人变得更谨慎。我估计，若现在再调查，这个数据应该不会那么高，但肯定还是远远领先于其他国家。

的确，这些年，有太多不可预测的事件发生，通过网络放大了传播效应，冲击了人们对"正向"（positive）未来的预估，削弱了人们对进步主义发展逻辑的社会信仰。尤其是近些年，许多过去很少出现的"负向"（negative）现象正在全球各地普遍发生。

首先，最令人关注的"负向"现象是"负利率"。"负利率"政策在各国的经济金融政策史上是罕见的。然而，近年来，约 20 个国家推行"负利率"货币政策。对那些政府而言，实行"负利率"政策，意在促进社会消费与企业借贷，进而希望提振本国经济。但对那些国家的民众而言，"负利率"意味着存款将贬值、投资可能亏损的高度不确定性。短期内，"负利率"或许会有助于经济增长，而从长期看，"负利率"会推动过度消费、激进投资，银行风险加剧，产生新型全球金融危机的可能性更大。

其次是"负增长"现象。"负利率"与"负增长"密切相关。近几年，意大利、土耳其、阿根廷、俄罗斯等国家都曾出现过多个季度的经济"负增长"。各国为防止经济"负增长"频繁出现，推出了各种激进的经济金融政策，包括负利率，但仍然难以抑制另一类"负增长"现象，即人口的"负增长"。大多数欧洲国家、日本的劳动力不足，人口总量下降，经济政策乏力，发展预期令人悲观。

再次是"负作用"。与二战结束时，美国作为世界主导者带领各国走出衰退不同，现在的美国并没有起到"正向"影响，反而发挥着世界发展的"负作用"：各种"退出"，令二战以来的国际秩序面临崩溃的可能性；各种"党争"，令民主制度受到了空前的挑战；各种"贸易战"，令世界经济受到巨大的冲击。霸权大国的"负作用"，是国际政治理论需要重新解释的现实。

最后是"负能量"。过去，年轻人代表着朝气、创新与向上的力量，推动了20世纪经济全球化、贸易自由化、科技信息化的空前繁荣。而现在，全球许多青年人变得颓废、迷惘，甚至经常抱怨。2019年，在法国等人们印象中的发达国家，青年人都陷入深深的"抱怨政治"。他们涌向街头，采取暴力手段，导致了许多地方的社会失序、混乱。

相比世界许多地方的"负"，中国的抗疫让世界看到了我们的"正"。2020年春节，抗疫的各条战线上都有工作人员放弃假期，加班加点。十天建成雷神山、火神山医院，数百亿元的捐赠，14亿人全面配合政府抗疫政策，没有骚乱，没有失序，这令人看到"正向"力量在中国的强大。

从这个角度看，中国仍是世界上"正"字最多、"负"字最少的国家。

不过，中国人也需要心理转型与升级。在"负"时代下，国家崛起就像一场永远没有终点的耐力跑。类似新冠肺炎疫情的不确定冲击，在未来中国发展的进程中恐怕还会出现。国际竞争的残酷、地球环境的恶化、全球经济增长的乏力、未来一代的压力，都令中国可持续发展、民族复兴变得更难，中国提出的构建"人类命运共同体"面临的障碍可能更大。

所谓"悲观者正确，乐观者成功"。在各国"负"时代背景下，坦然面对"负"，勇敢坚持"正"，人们的心理就会变得更成熟。我国年轻人需要继续发挥正能量。年轻人的正能量，直接决定着国家的未来。

500多年前，葡萄牙还是偏安欧洲南部一隅的小国。有一位年轻人，16岁时就被编入国家航海事务所，25岁时主动跟随远征队到东部非洲、印度和马六甲等地探险。当时，人们还不相信地球是圆的，但他坚信这一点。于是，经过10多年的准备，他实现了人类第一次环球航行。他就是麦哲伦。因为麦哲伦与他同时代人的共同努力，葡萄牙这个小国成为人类近现代史上第一批成功崛起的全球强国之一。

18世纪中叶，英国一位年轻人，从小就抱有大志，想成为伟大的航海家，遇到困难时从不气馁，三次下太平洋，最早发现了南极圈、澳大利亚、新西兰、夏威夷、北冰洋，地球几乎 1/4 疆域都是由他开拓的。他叫詹姆斯·库克。库克船长为英国崛起并成为后来的"日不落帝国"做出了卓著贡献。

在美国，每一个时代也都有每一个时代优秀的年轻人。例如，20 世纪 80 年代的比尔·盖茨、21 世纪头十年的马克·扎克伯格等。

人类历史上优秀年轻人敢于开拓、敢于拼搏的精神，非常值得我们去继承。

当下的疫情，折射出世界的发展、人类的发展正面临低谷。中国年轻人应放眼世界，胸怀"人类命运共同体"的理念与格局，开创一番新的事业。

三、打好五场战役，中国转"危"为"机"

正如上面所讲的，疫情可能会导致全球经济大危机，至少会带来中短期的风险，但只要中国继续应对得当，顺势深化与落实各项改革，大"危"中亦有大"机"。

对中国而言，疫情的蔓延凸显全球治理的重要性、紧迫性，2018 年以来以"中美大博弈"为主脉的国际形势得以淡化，"中美摊牌"的可能性在下降。中国举国抗疫、统筹协调经济社会发展的经验极有可能被世界所推崇。

在疫情暴发前的 2018—2019 年度，中美贸易战始终是国际社会和全球舆论关注的焦点。该状态也对中国外交、外贸造成较大的负面冲击。美国特朗普政府强力推行的单边主义、新孤立主义、民粹主义，不仅对中美关系造成负面冲击，而且带动其他一些国家推动逆全球化进程，破坏了全球治理的现有架构，削弱了联合国等国际组织的权威。

全球肆虐的病毒"倒逼"美国等国家反思现行政策，并逐步转而采取加强国际合作、更加积极参与全球治理的做法，从而会在一定程度上缓解逆全球化趋势。

在疫情暴发初期，国际社会中有一些斥责中国、幸灾乐祸、质疑中国政治体制和治理模式的声音。然而，疫情在全球蔓延后，很多国家的管控能力、治理体系暴露出种种弊端，尚远不及中国，客观上，中国体制的显著优势在不同国家治理模式比较中得以凸显，此前种种"唱衰"中国、恶意抹黑的声音将会失去市场。

对中国而言，在统筹推进疫情防控与经济社会发展工作的同时，需要冷静的战略分析、沉着的统筹应对，抓住"危"中之"机"，展现成功应对危机的全球大国新形象，引领以疫情防控为主题的全球治理新进程，引领捍卫民众利益的全球舆论新风向，重启全球经济发展新引擎。

疫情发展至今，其国际形势明显在恶化，中国须在全球层面考虑下一步的部署。不只是一国应对，而是须加大国际合作的分量。中国需要冷静的战略分析、沉着的统筹应对，才能够将这次全球大危机转化为助力民族复兴的重大机遇。

第一，防疫、经济与国际"三维并进"，展现成功应对危机的全球大国新形象。

数周来，通过首脑电话通气、国际外交协调，中国正在获得国际社会越来越多的理解、同情与信任。此后，中国可继续加强与世界卫生组织等国际多边组织的深度合作，在道义、话语、外交、技术上赢得更多的国际支持，把此次共同对抗疫情的战斗作为中国进一步增强国际影响力的新起点，为将来升级中国在全球公共卫生治理领域的影响力奠定舆论和组织上的基础。

第二，对外打国际公共卫生牌，引领以疫情防控为主题的全球治理新进程。

过去的两年，中美贸易战成为全球舆论关心的主题。在疫情的国际冲击下，中国可通过适时地分享防疫经验、病例数据，加强与有关国家和国际组织的医疗科技合作、疫苗研发合作，主动引领防疫进程和"后疫情时代"的全球治理转型方向，降低对抗性、排他性色彩，倡导合作共赢的中国价值观。

第三，对外通过讲好中国防疫故事，引领捍卫民众利益的全球舆论新风向。

疫情初期，针对中国的"中国脆弱论""治理危机论""经济骤降论""产业衰退论""企业逃华论""亚洲病夫论"盛行，中国须不断有效应对疫情，用事实回击西方媒体的责难。当下，国际心态在转向，渴望中国分享经验。为此，中国可通过各类媒体，尤其是通过新媒体，用短小精悍的新闻、视频、语录，进一步突出对生命优先、人权至上、鲜活个体的关切，主动对外讲好中国防疫故事，塑造国际媒体尤其是西方舆论关注的新话题，扭转此前国际舆论对中国的诸多负面风向。

第四，力保全球价值链的中国地位，重启全球经济发展新引擎。

改革开放 40 多年的伟大成就，相当程度上源于中国积极参与并重构全球价值链、产业链的进程。鉴于疫情加剧逆全球化、全球价值链崩塌的可能性存在，中国需要在国际层面加强与 WTO 等国际组织、有关国家在经贸、投资领域的协调；在国内层面，落实推进当前中央全面指挥、各部委狠抓经济和社会发展的各项政策，平衡企业正常运行与疫情防控安全，打响经济复苏与价值链保卫战。此前，许多机构对中国 2020 年经济增长持审慎乐观态度。若能力保中国在全球价值链中的地位，那么，中国近年来经济下行压力将大大释放，市场信心与消费需求将大大提升，中国将继续成为全球经济发展的发动机，民族复兴的进程也会加快。

2020 年春节，恐怕是改革开放以来中国人过得最难忘的春节。党和政府想方设法鼓舞人民士气、调动全国资源，"坚决打赢疫情防控的人民战争、总体战、阻击战"。波黑前总理兹拉特科·拉古姆季亚说："在新冠病毒肆虐下，中国是全球保卫人类的第一道防线。"正是这种决策部署，使本可能会造成更多死亡病例、更大范围传染的新冠肺炎疫情，控制在目前相对可预见的进程中。但是，中国人必须树立信心打赢五场战役，才能真正度过 2020 年的困难期。

一是病毒阻击战。目前中国应对疫情调动医疗资源的规模和速度已大大超过 2008 年汶川地震时的医疗救援。世界卫生组织已明确警告，全世界须"清醒地将这个病毒对手视为头号公敌"。而不少传染病学家则认为，新冠肺炎疫情很可能无法彻底根除。这就意味着中国需要将防疫工作常态化，既要保证各地逐渐有序复工，还要将病毒阻止在绝对可控的区域内。中国对超大城市武汉采取"封城"措施，为阻击病毒向世界蔓延做出了巨大牺牲。接下来，中国肯定会继续缩小病毒传播的范围，诊断病理，找到对治疗有帮助的特效药物，最终打赢这场战役。

二是经济复苏战。当前中国的消费、生产与贸易都受到疫情的巨大冲击。多位经济学家预测，2020 年第一季度，中国经济可能会受到重创，GDP 增长率会下降到 3.5% ～ 5.0%，是 1990 年以来的最低水平。疫情也在冲击中国进出口领域，影响全球价值链的运行，甚至有可能会加重全球经济的低迷走势。目前，中国各部委与地方政府已出台数百项政策，试图平衡企业正常运行与疫情防控安全。一场经济复苏战已在中国打响。

三是民生保卫战。疫情对中国民众的生活与健康造成了重大伤害。短期的经济下行会使城市中低收入者、农民的利益受损，造成一定规模的失业人群，对中等收入阶层的冲击也不容忽视。农业减产的风险也应重视。人民生活水平的提升，是中国共产党的奋斗目标，应通过医疗、财政、金融、税收等诸多手段，尽可能挽回受损民众的损失。

四是国际舆论战。在中国疫情期间，诸多国家与民众对中国实施捐赠、提供帮助，也有一些西方媒体与学者借"言论自由"之名对中国抗疫横加指责、抹黑甚至歧视，但更多的外国人是理解、同情与支持中国的，友华言论与仇华言论之间是一场激烈的舆论战。中国需要采取方式加大理解与支持中国声音的"火力"，压制住那些舆论战线上的"敌人"。

五是中美博弈战。疫情让中美贸易第一阶段协议的执行受到了影响，甚至导致中美"脱钩"加速。与那些攻击中国的西方媒体和学者相比，特朗普总统有时对中国抗击疫情显得更能理解，多次表示要支持中国抗疫。但中美战略互信有限，美国主要官员在许多场合恶意质疑中国数据，鼓噪制造业远离中国，夸大中国疫情形势，引发了国际社会不必要的恐慌。随着美国新一轮大选的来临，"后第一阶段协议时代"的中美经贸博弈，可能比第一阶段更激烈。对中国而言，这无疑又是一场新战役。

用"战役""战争"来比喻 2020 年中国克服困难的状态，并不是说中国人好战，而是为了表达中国人对困难的认识与克服困难的决心。中国是唯一一个过去 40 年从未对外使用武力、发动或参与战争的大国。这不仅缘于中国长期坚持的和平发展外交政策，也缘于当代中国人爱好和平的文化特性，更缘于中国人希望通过非军事方式解决复杂问题的意志。

习近平总书记常说，中华民族的伟大复兴是一项伟大事业，"人类命运共同体"构建也是一项伟大的事业。只要我们兢兢业业，持续努力，国家崛起、民族复兴、"人类命运共同体"肯定是最终能实现的事情。

（该视频公开课上线时间为 2020 年 3 月 16 日）

| 秦　宣 |

　　中国人民大学马克思主义学院教授、博士生导师，中国人民大学习近平新时代中国特色社会主义思想研究院院长。长期从事马克思主义基础理论、中国特色社会主义理论体系研究和教学。独著《科学社会主义基础理论研究》《中国特色社会主义新论》《分化与整合：社会转型期的思想政治教育研究》《秦宣自选集》等，发表学术论文 200 余篇。

新冠肺炎疫情防控中的中国制度优势

◎秦　宣

　　大难兴邦。中国是一个多灾多难的国度。近代以来遭受的磨难且不说，仅新中国成立 70 多年来，我们曾经先后遭遇过 1976 年唐山大地震、1998 年特大洪水灾害、2003 年"非典"疫情、2008 年"5·12"汶川特大地震。其他相对影响较小的一些自然灾害，如水灾、地震、火灾、风灾等几乎每年都有发生。然而，**多难兴邦，危机本身就包含着"危险"与"机遇"，中华民族就是在这样的灾难考验中艰难前行，在应对一次又一次灾难的伟大斗争中奋起，从而迎来了从站起来到富起来再到强起来的伟大飞跃。**

　　刚刚过去的这个鼠年春节，注定是一个让人难忘的春节。环视全球，世界正处于一系列灾难之中。澳大利亚的森林大火愈演愈烈，逐渐失控；非洲刚果（金）埃博拉疫情仍然没有结束，构成国际关注的突发公共卫生事件。非洲猪瘟在菲律宾南部蔓延。2019 年底以来，近 40 年来最致命的流感病毒在美国蔓延，至少已有 2 200 万人患上流感，1.2 万人死亡。2020 年 1 月 18 日，加拿大遭遇了 30 多年来最大暴风雪。1 月 29 日，旅游胜地加勒比海又爆发了 7.7 级强震，引发当地海啸预警。2月，25年来最严重的蝗灾正在东非蔓延，约有4 000亿只蝗虫肆虐，对世界上一些最脆弱国家的粮食安全构成了前所未有的威胁。世界怎么了？我们该怎么办？3年前，习近平主席在瑞士追问的这个问题，再次非常现实地摆在世人面前。

对于我们中国人来说，这个春节更不平凡，更让人难忘。新冠肺炎疫情至今没有结束，疫情防控的任务也没有完成。

习近平总书记指出："这次新冠肺炎疫情，是新中国成立以来在我国发生的传播速度最快、感染范围最广、防控难度最大的一次重大突发公共卫生事件。对我们来说，这是一次危机，也是一次大考。"确如习近平总书记所说，这次疫情对中国特色社会主义制度和国家治理体系是一次严峻考验，对党的执政能力也是一次严峻考验，对整个中华民族无疑也是一次重大考验。

虽然此次疫情防控暴露出一些短板和不足，出现一些漏洞和弱项。但经过艰苦努力，目前疫情防控形势正积极向好。对此，国际社会给予了高度评价。**国际社会普遍认为，中国采取的坚决有力的防控措施，展现出的出色领导能力、应对能力、组织动员能力、贯彻执行能力，是其他国家很难做到的，体现了中国的大国责任，为世界防疫赢得了时间，确定了标准，积累了经验，树立了典范。**

目前，疫情防控还没有结束，我们还没有到总结经验的时候，也没有到彻底反思的时候，更没有到举杯相庆的时候。但我们的疫情防控工作及其取得的初步成效，确实能给我们带来许多启示。

一、党中央统一部署、协调各方，彰显了坚持党的集中统一领导的显著优势

在中国，党政军民学、东西南北中，党是领导一切的。党的十八大以来，习近平总书记多次强调，中国共产党的领导是中国特色社会主义最本质的特征，是中国特色社会主义制度的最大优势。这些观点已经写进了党的十九大报告。党的十九届四中全会在概括中国特色社会主义制度优势时，将坚持中国共产党的集中统一领导放在了"十三个显著优势"的第一条。这次疫情对这一制度优势是一次检验，也是一次重大考验。

目前，疫情虽然没有结束，但党的集中统一领导的优势在疫情防控中已经充分显现出来。

第一，习近平总书记亲自指挥、亲自部署。疫情发生以来，习近平总书记亲自指挥，多次对防控疫情做出重要指示，并深入抗疫一线，调研考察，做出部署。

1月7日，主持召开中央政治局常委会会议，就对疫情防控工作提出要求；20日，专门就疫情防控工作做出批示，要求把人民群众生命安全和身体健康放在第一位；22日，明确要求湖北省对人员外流实施全面严格管控；25日，再次主持召开中央政治局常委会会议，对疫情防控工作进行再研究、再部署、再动员，并决定成立中央应对疫情工作领导小组。

2月3日，组织召开中央政治局常委会会议，专门研究应对新冠肺炎疫情工作，并发表重要讲话；5日，在中央全面依法治国委

员会第三次会议上发表重要讲话，强调要依法科学有序防控疫情；
10 日，在北京调研指导疫情防控工作，并发表重要讲话；12 日，
召开中央政治局常委会会议，就疫情防控做出指示；14 日，在中央
全面深化改革委员会第十二次会议上发表重要讲话；23 日，主持召
开统筹推进新冠肺炎疫情防控和经济社会发展工作部署会议，部署
下一步疫情防控和经济社会发展工作。

3 月 4 日，再次主持中央政治局常委会会议，研究当前新冠肺
炎疫情防控和稳定经济社会运行重点工作；10 日，习近平总书记亲
临湖北武汉考察疫情防控情况，并对疫情防控提出新的要求。

通过回看疫情防控日志，我们不难发现，自新冠肺炎疫情暴发
以来，习近平总书记时时刻刻都在关注疫情防控状况，并就疫情防
控发表了一系列重要讲话。这些重要讲话，确定了疫情防控的战略
使命，即把人民群众生命安全和身体健康放在第一位；明确了疫情
防控的战略目标，即坚决遏制疫情蔓延势头，坚决打赢疫情防控阻
击战；提出了疫情防控的战略要求，即坚定信心、同舟共济、科学
防治、精准施策；制订了疫情防控的作战计划，即坚决打好湖北保
卫战、武汉保卫战，全力做好北京疫情防控工作，对其他省份加强
分类指导。

正是在以习近平同志为核心的党中央集中统一领导下，在各方
面共同努力下，防控工作得以有力、有序展开。

第二，党中央从实际出发，加强了顶层设计。中央政治局常委会
多次召开会议进行专题研究，党中央专门印发《关于加强党的领导、
为打赢疫情防控阻击战提供坚强政治保证的通知》，成立了由李克强

总理任组长的中央应对疫情工作领导小组，统一领导，统一指挥，分类指导各地做好疫情防控工作。国务院联防联控机制加强协调调度，及时协调解决防控工作中遇到的紧迫问题。有关部门各司其职，军队积极支援地方疫情防控。在网络上，在电视上，我们曾看到李克强总理亲临一线指导抗疫的画面，也看到国务院副总理孙春兰长期战斗在抗疫第一线的情况。

第三，各级党委和政府积极行动。它们同时间赛跑、与病魔较量，坚决遏制疫情蔓延势头，坚决打赢疫情防控阻击战。在中央的直接领导下，各地区成立了党政主要负责同志挂帅的领导小组，启动了重大突发公共卫生事件 I 级响应。在电视上，我们可以看到，各级领导干部特别是主要负责同志坚守岗位、靠前指挥，做到守土有责、守土担责、守土尽责。令行禁止，党中央决策部署到哪里，监督检查就跟进到哪里。对党中央决策部署贯彻落实不力的，对不服从统一指挥和调度的，对不敢担当失职、渎职的，都依纪依法进行了追责问责。

第四，基层党组织雷厉风行。在新冠肺炎疫情防控这场无声的战斗中，各级党组织和广大党员干部充分发挥战斗堡垒和先锋模范作用，坚定站在疫情防控第一线，打头阵、做先锋，全面落实防控措施，积极做到每名党员成为一面鲜红的旗帜，每个党支部都成为党旗高高飘扬的战斗堡垒。基层党组织和广大党员是这次疫情防控阻击战的堡垒和先锋。自疫情防控阻击战的号角吹响后，全国各地的中国共产党人高举党旗，在战"疫"一线的主战场上担当起"排头兵"的责任，充分调动了更多的民众力量。我们可以看到，基层党组织全部行动起来，有的成立疫情防控后勤保障队，有的成立疫情防控爱心团队。

第五，普通党员群众积极投入疫情防控过程中。在疫情严峻之时，共产党员挺身而出坚定站在疫情防控第一线。哪里任务险重，哪里就有党组织坚强有力地工作，哪里就有党员当先锋做表率。在疫情防控过程中，我们看到有的群众在党员模范作用带动下，递交了入党申请书。

从疫情防控的整体情况看，党和政府建立起来的防控疫情体系已经发挥了巨大的作用，这充分彰显了中国共产党在如此巨大的公共卫生灾难面前的应对能力，也彰显了党中央集中统一领导的强大力量，更彰显了党集中统一领导的显著优势。美国库恩基金会主席罗伯特·劳伦斯·库恩指出："中国政府展现出的组织动员能力是全球卫生史上前所未见的，其他国家很难做到。"在他看来，中国能够及时遏制新冠肺炎疫情的蔓延，主要是因为有中国共产党的集中统一领导。3月2日，日本前首相鸠山由纪夫在《人民日报》上发表的《携手构建人类命运共同体》一文，也赞扬了中国共产党的集中统一领导这一制度优势。

二、"把人民群众生命安全和身体健康放在第一位"，彰显了社会主义制度以人民为中心的价值追求

社会主义与资本主义的根本区别在于，社会主义以"社会"为本，而资本主义以"资本"为本。**因为社会是人的社会，人是社会的人，所以社会主义始终坚持以人为本，始终代表着最广大人民群众的利益，始终着眼于人的自由而全面的发展，始终以实现全人类**

的解放为最高目标。这是马克思主义的根本立场，是中国共产党人思考和解决一切问题的出发点和归宿。

中国共产党是以马克思主义为指导的无产阶级政党，全心全意为人民服务是党的宗旨，为人民谋幸福是中国共产党人的初心。纵观历史，我们党无论是干革命、搞建设，还是抓改革、促发展，都是为人民谋利益，让人民过上好日子。坚持以人民为中心是新时代坚持和发展中国特色社会主义的根本立场。人民对美好生活的向往，就是我们的奋斗目标。

以人民为中心是贯穿于中国特色社会主义制度的一条红线。以人民为中心不能停留于口号，而要落实到治国理政实践的各项工作之中。当前，新冠肺炎疫情使人民生命健康面临着极大的威胁，而疫情防控阻击战凸显了以人民为中心的崇高价值。在此次疫情防控过程中，以习近平同志为核心的党中央把人民群众生命安全和身体健康放在第一位，把疫情防控工作作为当前最重要的工作。目前，中国大陆所有省区市全部启动突发公共卫生事件Ⅰ级响应机制（随着疫情防控向好的方向发展，各省区市也逐步降低了级别）。在防控疫情的关键时刻，断然采取的包括局部阻隔、延长假期等举措，都旨在维护人民生命健康；全力采取的保安全、保供给等服务，都旨在维护人民正常生活，维护社会的和谐稳定。

这种情况在资本主义国家能够做到吗？太难了！最近我们看到美国工人世界党撰写的一篇文章——《社会主义基础如何帮助中国抗击冠状病毒》。该文指出：中国针对新型冠状病毒所采取的措施在资本主义国家是闻所未闻的。他们重申了中国社会主义国家的根本属性，在危机中或紧急情况下，人民的福祉优先于资本利润。中国有百万富翁甚至亿万富翁，但当危机来临的时候，共产党领导着国家有能力做出不受资本利润支配的决定。

总的来说，**这次疫情防控，充分体现了社会主义"以人为本"的价值追求，充分体现了社会主义制度珍爱生命、保护人民的本质，充分反映了中国特色社会主义制度视人民利益高于一切的制度特色，充分展示了中国共产党立党为公、执政为民的执政理念。**这种"以人为本"的理念，在以往应对各种灾害过程中得到一再体现，在此次疫情防控中体现得更加充分、更加突出。

三、全民动员，齐心协力，彰显了紧紧依靠人民抗击疫情的显著优势

万夫一力，天下无敌。中国特色社会主义制度确保了各族人民的大团结，具有把 14 亿中国人凝聚起来的巨大力量；紧紧依靠人民群众是中国特色社会主义制度优势得以发挥的力量之源。在这场防控疫情阻击战中，人民群众蕴含着抗击疫情的巨大能量，是打赢这场疫情防控阻击战的硬核支撑。在疫情防控过程中，我们举全国之力，从中央到地方政令畅通、步调一致，动员和组织各方力量，形成了强大的合力。

防范疫情的重点地区在武汉，但武汉并不孤单，因为全中国人民都同武汉和湖北其他地区的兄弟姐妹坚定地站在一起。疫情暴发以来，在这场没有硝烟的战"疫"中，人民群众的磅礴力量在党的坚强领导下被激发和唤起，紧紧依靠人民群众、组织群众、凝聚群

众，联防联控，群防群控，为中国战胜疫情筑牢最严防线。全国人民克服恐慌、科学防护、勇敢担起阻击疫情的责任，争做防疫一线的最美"逆行者"。人心齐，泰山移。

——防控疫情需要财力物力。于是，我们看到，国家财政和地方政府在短时间内为疫区投放了数百亿元、千亿元资金，全国各地踊跃向灾区人民捐款捐物。此外，大量粮食、食品、药品等救援物资源源不断地抢运到疫区，保证了疫区人民基本生活的需要。东北的大米、西北的水果、华东的蔬菜，全国各地的生活物资不断向疫区集中。可以说，疫区缺少什么，全国各地就支援什么。

——救灾需要人力。于是，我们看到：党和政府调集各种救灾力量。一封封饱含激情、按有鲜红手印的请战书递交到各级主管领导手中；一个个科研工作者与疫情赛跑进行科研攻关，仅用一周时间就完成了病毒毒株的分离工作，一批批志愿者驰援湖北，一群群"白衣天使"主动请缨奔赴防疫第一线，展现了中国人民的仁心大爱与责任担当。在这场没有硝烟的战役中，中国人民各尽所能地参与到疫情防控的工作中去，使"人民是历史的创造者"这一真理得到了最深刻的印证。整个中国正在用亿万中国人民的报国之志与血肉之躯打一场疫情防控的人民战争。

——疫情防控需要大家自我隔离。于是大家看到，一夜之间，全中国 14 亿人口，几乎按下了暂停键。大家自觉遵守当地政府部门的规定，自觉宅在家里，自我隔离。许多农村村庄、城市社区自我隔离起来，加强自我管理。这种情况在西方国家能够看到吗？很难！

正如有的国外学者指出的："中国在短时间内动员巨大的力量投

入，这是其他任何制度所不能比拟的。"

四、坚持全国一盘棋，调动各方面积极性，彰显了社会主义制度集中力量办大事的显著优势

一种社会制度是否具有强大的社会动员能力，是衡量其是否优越的标准之一。邓小平曾明确指出："社会主义同资本主义比较，它的优越性就在于能做到全国一盘棋，集中力量，保证重点。"江泽民同志指出："我国社会主义制度具有巨大的优越性，能够集中力量办大事，动员和组织全国人民不断创造伟大的业绩。"胡锦涛同志也曾强调，"社会主义制度能够集中力量办大事是我们国家的显著政治优势"。习近平总书记明确指出："我们最大的优势是我国社会主义制度能够集中力量办大事。这是我们成就事业的重要法宝。"

中国特色社会主义制度具有坚持全国一盘棋，调动各方面积极性，集中力量办大事的显著优势。构筑这个大棋局的，有中国共产党的领导制度，有民主集中制的组织原则，有公有制为主体的经济基础，有政府与市场相结合的社会主义市场经济体制，有集体主义和爱国主义的互助精神，有六合同风、四海一家的历史传统。历史和实践反复证明，集中力量办大事是中国的独特优势，是我们成就事业、破解难题的重要法宝。

什么是当前的大事？就当下情况来看，疫情防控就是中国的大事。习近平总书记强调，做好疫情防控工作，直接关系人民生命安

全和身体健康，直接关系经济社会大局稳定，也事关我国对外开放。如果说得更深远一点，疫情防控甚至关系到人类的命运。国际上有权威人士曾预测，如果这次疫情不能得到有效控制，可能会影响到全球 60% 的人，这就意味着全球有 40 多亿人有感染的可能性，如果按照 2% 的死亡率计算，则全球死亡人数会接近千万。如果真出现这种情况，其后果不敢想象。

"积力之所举，则无不胜也。"疫情发生以来，在以习近平同志为核心的党中央统一领导、统一指挥下，各地各部门各司其职、协调联动、紧急行动、全力奋战。全国形成了全面动员、全面部署、全面加强疫情防控工作的局面。各地各部门坚决服从党中央统一指挥、统一协调、统一调度。

打疫情防控阻击战，实际上也是打后勤保障战。我们采取积极措施，支持医用防护服、口罩等疫情防控急需医疗物资的生产企业迅速复工达产、多种方式扩大产能和增加产量，对重要物资实行国家统一调度，建立交通运输"绿色通道"，多措并举保障重点地区医用物资和生活物资供应。我们抓好农副产品生产、流通、供应组织工作，保证煤电油气等供应，保障了全国生活必需品市场总体稳定。我们全力推进医药研发和临床应用，取得阶段性成果。

全国一盘棋的优势受到了国际关注。我们举全国之力予以支援，组织 29 个省区市和新疆生产建设兵团、军队等调派 330 多支医疗队、41 600 多名医护人员驰援，迅速开设火神山、雷神山等集中收治医院和方舱医院，千方百计增加床位供给，优先保障武汉和湖北需要的医用物资，并组织 19 个省份对口支援。

　　这里最值得注意的是火神山、雷神山医院的建设。用 10 天时间建造了雷神山、火神山两座医院，这在其他国家几乎是不可能的。这两座医院的建设，需要庞大的人力、财力、物力、科技等多方面支撑。从项目立项、图纸设计，到土地平整、房屋建设，到内部装修、通水通电，再到设备购买、设备安装，最后到投入使用、收治病人，每一个环节都特别复杂。它充分体现了我国的综合国力、科技实力，充分彰显了集中力量办大事的制度优势，充分展示了中国制度集中力量办大事的强大优势。

　　疫情防控充分证明：中国特色社会主义制度和国家治理体系，具有强大的动员能力、组织能力和整合能力，中国特色社会主义制度优势是完全可以转换为治理效能的。正是因为社会主义制度优势在疫情防控中得到了充分彰显，疫情防控形势才往逐步向好的方向发展。

　　对此，国际社会已经给予高度肯定，如法国前总理拉法兰感慨道："在疫情面前，中国政府展现出强大高效的组织和动员能力，令我印象深刻，这正是中国制度的优势。"世界卫生组织总干事谭德塞也发出类似的感慨："中方行动之快、规模之大，世所罕见，这是中国制度的优势，有关经验值得其他国家借鉴。"

五、坚持党指挥枪，彰显了人民军队绝对忠诚于党和人民，有力保障国家主权、安全、发展利益的显著优势

　　习近平总书记在庆祝中国人民解放军建军 90 周年大会上发表讲话强调："党对军队的绝对领导是中国特色社会主义的本质特征，是

党和国家的重要政治优势，是人民军队的建军之本、强军之魂。"党的十九届四中全会在阐述我国国家制度和国家治理体系所具有的多方面的显著优势时，就坚持党对军队的绝对领导问题指出，"坚持党指挥枪，确保人民军队绝对忠诚于党和人民，有力保障国家主权、安全、发展利益的显著优势"。

危难之际，想人民所想，急人民所急，帮人民所求，始终是人民军队的第一选择。无论是 1998 年抗洪抢险、2003 年抗击"非典"，还是 2008 年抗击汶川特大地震，每一次重大灾难、重大险情、重大挑战，人民军队都闻令而动、挺身而出，及时向地方伸出援手，紧紧地与人民群众站在一起，齐心协力夺取最后的胜利。

新冠肺炎疫情发生后，习近平总书记就对军队提出明确要求：全军要在党中央和中央军委统一指挥下，牢记人民军队宗旨，闻令而动，勇挑重担，敢打硬仗，积极支援地方疫情防控。根据习主席和中央军委要求，各战区、各军兵种、军委机关各部门迅速成立了应对新冠肺炎疫情领导小组，研究部署防控疫情和支援地方工作，对所属部队、官兵家属感染和疑似感染情况进行全面排查，针对性地开展相关工作。1 月 24 日，军队支援湖北医疗队抵达武汉疫情防控第一线；2 月 1 日，驻鄂部队抗击疫情运力支援队开始集结，担负疫情防控期间武汉市生活物资的网点运输保障任务；2 月 4 日，军队支援湖北医疗队管理使用的武汉火神山医院全力收治首批确诊患者……一系列扎实有效的支援行动，推动着疫情防控工作有力、有序开展。

中国人民解放军的所作所为与美国军队形成了鲜明的对比。美国工人世界党文章《社会主义基础如何帮助中国抗击冠状病毒》指出：当美国出现紧急情况或危机时，首要考虑的是维护财产关系。国民警卫队一次又一次地动员起来，阻止绝望的人们"抢劫"商店以获取所需的物资，阻止从洪水和地震中逃离出来的人们搬进无人居住的旅馆和度假村。

如果说中国共产党是此次疫情防控的定海神针，那么，中国人民解放军则是疫情防控中的压舱石。这次大型非战争军事行动，是对中国军队快速反应能力的一次展示，也是对党领导下的人民军队的一次考验。在此次疫情防控过程中，人民解放军指战员闻令而动、敢打硬仗，充分展现了人民子弟兵忠于党、忠于人民的政治品格，也充分彰显了党领导人民军队的制度优势。

六、在全面深化改革中完善国家制度和治理体系，彰显了社会主义制度能够不断自我完善的强大优势

中国特色社会主义制度经受了防控疫情的考验。新中国成立以来逐步形成的中国特色社会主义国家制度和治理体系，为中国发展进步提供了根本保障。当然，我们也要看到，**制度更加成熟、更加定型是一个动态过程，治理体系和治理能力现代化也是一个动态过程，不可能一蹴而就，也不可能一劳永逸。**

目前疫情还没有结束，还没有到彻底反思的时候。但是，面对如此巨大的公共卫生事件我们不得不反思，我们有没有可能从根本上杜绝这样大的疫情的发生、把疫情消灭于萌芽状态呢？这是不是说明我们现有的公共卫生体系、传染病防治工作有很多系统性的问题呢？很多专家学者对疫情应对已经提出了大量意见和建议，都有

一定的道理。

习近平总书记 2 月 14 日下午主持召开中央全面深化改革委员会第十二次会议并发表重要讲话时强调：确保人民群众生命安全和身体健康，是我们党治国理政的一项重大任务。既要立足当前，科学精准打赢疫情防控阻击战，更要放眼长远，总结经验、吸取教训，针对这次疫情暴露出来的短板和不足，抓紧补短板、堵漏洞、强弱项，该坚持的坚持，该完善的完善，该建立的建立，该落实的落实，完善重大疫情防控体制机制，健全国家公共卫生应急管理体系。

习近平在讲话中指出，这次抗击新冠肺炎疫情，是对国家治理体系和治理能力的一次大考。要研究和加强疫情防控工作，从体制机制上创新和完善重大疫情防控举措，健全国家公共卫生应急管理体系，提高应对突发重大公共卫生事件的能力水平。为此，习近平总书记还从五个方面提出了完善公共应急管理体系的重要的举措：一是要强化公共卫生法治保障；二是要改革完善疾病预防控制体系；三是要改革完善重大疫情防控救治体系；四是要健全重大疾病医疗保险和救助制度，完善应急医疗救助机制；五是要健全统一的应急物资保障体系。

习近平总书记关于疫情防控的系列重要讲话，明确了下一阶段在公共卫生领域全面深化改革的具体任务，这些讲话与党的十九届四中全会提出的坚持和完善中国特色社会主义制度的战略部署一起，为进一步完善国家制度和治理体系指明了方向。

以上我们从六个方面，结合此次疫情防控，探讨了中国特色社会主义制度优势在此次疫情防控中的体现。但中国特色社会主义制度优势不仅仅体现在这几个方面。比如说，在此次疫情防控过程中，中国特色社会主义基本经济制度、政治制度、文化制度和社会建设方面的制度也得了充分检验。国际社会对中国在疫情防控方面的表现给予充分的肯定，也充分检验了中国外交政策，也充分彰显了我国和平外交政策的优势。

总之，党的十九届四中全会已经吹响了坚持和完善中国特色社会主义制度、实现国家治理体系和治理能力现代化的号角。中国国家制度和治理体系也在这次疫情防控中经历了考验、磨炼。我们相信，在以习近平同志为核心的党中央坚强领导下，在习近平新时代中国特色社会主义思想的指导下，疫情防控必将取得最终胜利，中国特色社会主义制度将在全面深化改革中更加完善、更加成熟。

（该视频公开课上线时间为 2020 年 3 月 17 日）

图书在版编目（CIP）数据

在经历中学习：疫情防控公开课 / 中共北京市委教育工作委员会，北京高校思想政治理论课高精尖创新中心组织编写 . –– 北京：中国人民大学出版社，2020. 5
ISBN 978-7-300-28104-9

Ⅰ.①在⋯ Ⅱ.①北⋯ ②北⋯ Ⅲ.①疫情管理 – 关系 – 思想政治教育 – 中国 – 高等学校 – 教材 Ⅳ.① G641

中国版本图书馆 CIP 数据核字（2020）第 073808 号

在经历中学习
——疫情防控公开课
中 共 北 京 市 委 教 育 工 作 委 员 会
北京高校思想政治理论课高精尖创新中心　组织编写
Zai Jingli zhong Xuexi

出版发行	中国人民大学出版社	
社　　址	北京中关村大街 31 号	**邮政编码**　100080
电　　话	010 - 62511242（总编室）	010 - 62511770（质管部）
	010 - 82501766（邮购部）	010 - 62514148（门市部）
	010 - 62515195（发行公司）	010 - 62515275（盗版举报）
网　　址	http://www.crup.com.cn	
经　　销	新华书店	
印　　刷	北京宏伟双华印刷有限公司	
规　　格	160 mm × 235 mm　16 开本	**版　　次**　2020 年 5 月第 1 版
印　　张	10.75 插页 1	**印　　次**　2020 年 5 月第 1 次印刷
字　　数	112 000	**定　　价**　32.00 元